Dictionnaire de proverbes et dictons serbes – bosniaques

– croates et leurs équivalents français

Minja Pješčić
DICTIONNAIRE DE PROVERBES ET DICTONS
SERBES - BOSNIAQUES - CROATES AND
LEURS ÉQUIVALENTS FRANÇAIS

Titre serbo-croate:
Rječnik naših poslovica i izreka i njihovih
francuskih ekvivalenata

Éditrice, DTP, Page de titre
Minja Pješčić

Dictionnaire de proverbes et dictons

serbes - bosniaques - croates et leurs équivalents français

Rječnik naših poslovica i izreka i njihovih francuskih ekvivalenata

Minja Pješčić

À mes grands-parents

Hadžira, Ibrahim, Jovan et Mileva

Table des matières

ABBRÉVIATIONS / SKRAĆENICE

am. – américain / američki
fam. - familier / neknjiževni izraz
hum. – humoristique / šaljivo
it. – italien / italijanski
lat - latin / latinski
Qc – québecois / iz Kvebeka
trad. – traduction / prevod
v. - verbe / glagol
var. - variante / varijanta
vulg. - vulgaire / prost
vx. – vieux (emploi archaïque et anormal) / zastarjeli izraz
~ - similaire / sličnog značenja

cf. - comparer / uporedi
→ - consulter / nađi

Comment lire ce livre / Uputstvo

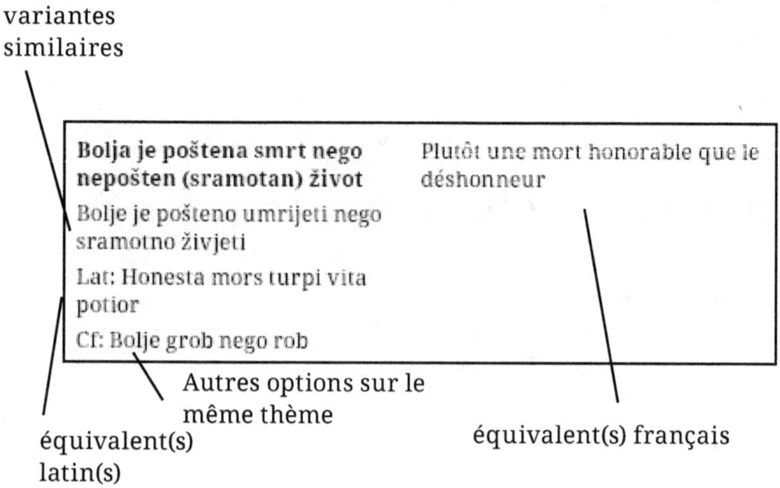

variantes
similaires

Bolja je poštena smrt nego nepošten (sramotan) život Bolje je pošteno umrijeti nego sramotno živjeti Lat: Honesta mors turpi vita potior Cf: Bolje grob nego rob	Plutôt une mort honorable que le déshonneur

Autres options sur le même thème

équivalent(s) latin(s)

équivalent(s) français

Ako hoćeš koga da poznaš, podaj mu vlast (u ruke)

Si tu veux connaître quel soit l'homme, donne-lui office, charge ou somme

Ako ima posla, ima i dana → Posao nije zec, neće pobjeći

Ako je daleko Bagdad, blizu je aršin

Lat: Hic Rhodos, hic salta!

À beau mentir qui vient de loin

De longues terres, longues nouvelles

Ako je dimnjak nakrivo, upravo dim izlazi

Cf: Crna koka bijela jaja nosi

Le bois tordu fait le feu droit

Ako je i crna krava, bijelo mlijeko daje → Crna koka bijela jaja nosi

Ako je kratak dan, duga je godina → Posao nije zec, neće pobjeći

Ako je sirće badava, slađe je od meda → Što je džaba i Bogu je drago

Ako koza laže, rog ne laže

Les faits sont têtus

Činjenice su tvrdoglave

Ako ne možemo kako hoćemo, mi ćemo kako možemo

Cf: Ako neće brijeg Muhamedu, onda će Muhamed brijegu

Qui a des noix il en casse, qui n'en a il s'en passe

~ Quand on n'a pas ce qu'on aime, il faut aimer ce qu'on a

Ce qu'on ne peut empêcher, il faut le vouloir

Ako neće brijeg Muhamedu, onda će Muhamed brijegu

Cf: Ako ne možemo kako hoćemo, mi ćemo kako možemo

Si la montagne ne va pas à Mahomet, Mahomet ira à la montagne (var. Puisque la montagne ne vient pas à nous, allons à elle)

Ako neće moljen, a on će gonjen → Milom ili silom

Ako nećeš, ti poljubi pa ostavi

Cf: Ponuđen k'o počašćen; Uzmi ili ostavi

Si vous n'aimez pas ça, n'en dégoûtez pas les autres

Ako nisi za sebe, nisi ni za drugoga → Bog je prvo sebi bradu stvorio

Ako si zamrsio, sam i odmrsi → Kusaj šta si udrobio

Ako slijepac slijepca vodi, obadva će u jamu pasti

Si un aveugle conduit un aveugle, ils tomberont tous deux (var. C'est un aveugle qui en conduit un autre)

Ako smo mi braća, nisu nam kese sestre

Deux amis à une bourse, l'un chante et l'autre grousse

Assez trouverez amis de bouche, mais bien peu sont amis de bourse

Ako stijena kotluši, jao kotluši; ako kotluša stijeni, jao kotluši →
Ili loncem o kamen, ili kamenom o lonac, teško loncu svakojako

Ako u selu, Turci, ako u polju, vuci

Lat: Hac urget lupus, hac canis angit

Cf: Ko se boji vrabaca, nek' ne sije proje

Qui trop regarde quel vent vente, jamais ne sème ni ne plante

Il ne faut pas aller par quatre chemins

Entre les deux, mon cœur balance

être comme l'âne de Buridan

Il ne sait à quel saint se vouer

Il ne sait sur quel pied danser

Il ne sait à quelle sauce manger ce poisson

Ako želiš jezgro, slomi ljusku

Lat: Catus amat piscem, sed non vult tingere plantas

Cf: Nema raka bez mokrih gaća; Ko se dima ne nadimi, taj se vatre ne ogrije

Il faut casser le noyau pour avoir l'amande

Apetit dolazi za vrijeme jela

L'appétit vient en mangeant

Batina ima dva kraja

Du bâton que l'on tient souvent on est battu

Un bâton a deux bouts

Batina je iz raja izašla

Ljeskova je mast čudotvorna

Cf: Ko se bije, taj se voli

Bâton oisif, enfant abusif

Begovac je begovac (Carevac je carevac), ako neće imati novac; a magarac je magarac, ako će imati i zlatan pokrovac → Magarac u Beč, magarac iz Beča

Besposlen Mujo fišeke savija → Besposlen pop i jariće krsti

Besposlen pop i jariće krsti

Cf: Trla (Prela) baba lan da joj prođe dan

Les enfants s'amusent

Il ferre les cigales

Besposlenost je majka svih zala

Lat: Pigritia mater vitorum

L'oisiveté est la mère de tous les vices

Les conseils de l'ennui sont les conseils du diable

Une tête oisive est l'atelier du diable

Bez alata nema zanata	On ne va pas aux mûres sans crochet
Cf: Vrijedne su ruke najbolja alatka	Les bons ouvriers ont toujours de bons outils
	Les mauvais ouvriers ont toujours de mauvais outils (var. Mauvais ouvrier ne trouve jamais bon outil; À méchant ouvrier, point de bon outil)

Bez jednog čovjeka (Cigana) može biti vašar

Dva trećega ne čekaju

Galija jednog ne čeka

Zbog jednog vesla brod ne ostaje

Cf: Koga nema, bez njega se može

Pour un moine on ne laisse pas de faire un abbé

Bez muke nema nauke

Dok se muke ne namuči, pameti se ne nauči

Cf: Ko se dima ne nadimi, taj se vatre ne ogrije; Nema raka bez mokrih gaća

On n'a rien sans peine

Nul bien sans peine (vx.)

Bez para ni u crkvu

Cf: Nema džabe ni kod (stare) babe; Koliko para, toliko muzike

On n'a rien pour rien

On ne donne rien pour rien

Rien sans rien

~ Quand l'argent fault tout fault

Bez starca nema udarca

Il n'est chasse que de vieux chiens

Vieux bœuf fait sillon droit

Il n'est feu que de gros bois

Bez treće nije sreće → Treća sreća

Bez zdravlja nema bogatstva → Zdravlje je najveće blago (najveći raj) ovoga svijeta

Biće gaće, ali ne znam kad će → Daće Bog (raji) gaće, ali ne zna kad će

Biće jednom i u paklu vašar → Doći će sunce i pred naša vrata

Biće šta će biti → Što mora biti, biće

Bilo bi ga (te...) dobro po smrt poslati (hum.) (var. Da te čovjek po smrt pošalje, naživjeo bi se; Tebe ću po smrt poslati kad mi bude trebala)	Il faut l'aller chercher avec la croix et la bannière Attendez-moi sous l'orme On compte les défauts de qui se fait attendre

Bilo kako mu drago → Kud puklo da puklo

Bilo, pa prošlo (ka' i lanjski snijeg) Dogodilo se - ne pomenulo se	Oublions le passé C'est du passé À tout péché miséricorde ~ À chose faite pas de remède

Biraj, ago, što je tebi drago	Le monde est à vous

Biser ne valja pred svinje bacati	Ne jetez pas vos perles aux pourceaux

Biti veći katolik od pape

Il ne faut pas être plus catholique que le pape (plus royaliste que le roi)

Bježanova majka pjeva, a Stojanova plače

Strašivi doma dolazi

Cf: Nebojšu najprije psi ujedu

Mieux vaut couard que trop hardi

Bježao od kiše, stigao ga grad

Gonio lisicu, izagnao vuka

En fuyant le loup, on rencontre la louve

Bježi, rđo, eto meda!

Cf: Smijeh je zdravlje; Živi prosto – doživjećeš sto

Si on avait toujours des cerises et des raisins, on pourrait se passer de médecin

Un bon verre de vin enlève un écu au médecin

Le meilleur médecin est la marmite

Soupe aux choux au médecin ôte cinq sous

Avec bon pain, bonne chère et bon vin, on peut envoyer promener le médecin

Blago onom ko pameti nema

Quand Jean Bête est mort, il a laissé bien des héritiers

Quand le soleil est couché, il y a bien des bêtes à l'ombre

Blago onom ko se tuđom štetom opameti, a teško onom koji svojom mora

Cf: Pametan se uči na tuđim greškama, budala na svojim

L'homme sage apprend de ses erreurs, l'homme plus sage apprend des erreurs des autres

Bliža je košulja nego haljina → Košulja je preča od kabanice

Bog dao, Bog i uzeo — Le Seigneur a donné, le Seigneur a repris

Bog je prvo sebi bradu stvorio — Charité bien ordonnée commence par soi-même
Ako nisi za sebe, nisi ni za drugoga
Ko ne zna sebi, ne zna ni drugome — Chaque luciole éclaire pour elle-même
Cf: Košulja je preča od kabanice; Ne laje pas radi sela, nego sebe radi

Bog je spor, ali je dostižan → Od suđenja se ne može uteći

Bog nikom dužan ne ostaje → Od suđenja se ne može uteći

Bog visoko, a car daleko — Le ciel est haut et le tsar est loin (*russe*)
Car daleko, a Bog visoko
Nebo visoko, a zemlja tvrda

Bog zatvori jedna vrata, a otvori stotinu — Ce que vous avez perdu dans le feu, vous le retrouvez dans la cendre
Gdje se jedna vrata zatvaraju, sto drugih se otvaraju
Cf: Jedan se oteg'o, drugi se proteg'o

Bogu iza nogu (leđa) — Au diable vauvert
Gdje je Bog rekao laku noć — d'ici à Pontoise

Bogu se moli, ali k brijegu grebi → Pomozi sam sebi, pa će ti Bog pomoći

Boj ne bije svijetlo oružje, već boj bije srce u junaka
Cf: Hrabre sreća prati

À cœur vaillant rien d'impossible

Le chien peureux n'a jamais son saoûl de lard

Jamais honteux n'eut belle amie

Bojim se Danajaca i kad darove donose → Ne vjeruj Danajcima i kad darove donose

Bolest na konju dolazi, a na dlaci odlazi (vx.)
Cf: Bolje spriječiti nego liječiti; Zdravlje je najveće blago

Mal vient à cheval et s'en retourne à pied (var. Mal vient à cheval et le bonheur à pied)

Bolja je poštena smrt nego nepošten (sramotan) život
Bolje je pošteno umrijeti nego sramotno živjeti
Lat: Honesta mors turpi vita potior
Cf: Bolje grob nego rob

Plutôt une mort honorable que le déshonneur

Bolja je unča pameti nego sto litara snage → Um caruje, snaga klade valja

Bolje grob nego rob

Mieux vaut mourir debout que vivre toute une vie à genoux (var. Plutôt mourir debout que de vivre à genoux)

Bolje ikad nego nikad

Mieux vaut tard que jamais

Lat: Potius sero quam nunquam

Il vaut mieux arriver en retard qu'arriver en corbillard

Bolje išta nego ništa

Mieux vaut peu que rien

Cf: Kad nema djevojke dobra je i baba; Bolje vrabac u ruci, nego golub na grani

Un petit gain vaut mieux que rien

Mieux vaut un œil que nul

Bolje je danas jaje nego sutra kokoš

Mieux vaut un gigot prochain qu'un gros mouton lointain

Bolje je danas pečena ševa nego sutra ćurka

Un œuf aujourd'hui vaut mieux qu'un poulet pour demain

Bolje je danas kos nego sutra gusak

Mieux vaut promptement un œuf que demain un bœuf

Bolje je danas pečena ševa nego sutra ćurka → Bolje je danas jaje nego sutra kokoš

Bolje je danas kos nego sutra gusak → Bolje je danas jaje nego sutra kokoš

Bolje je kukavicu u ruci no sokola u planini (imati) → Bolje vrabac u ruci nego golub na grani

Bolje je mršav mir nego debeo proces (debela parnica)

Un mauvais accommodement vaut mieux qu'un bon procès

Bolje s mirom nego s čirom

Cf: Dogovorna je najbolja

Un mauvais arrangement vaut mieux qu'un bon procès (var. Le plus petit arrangement vaut mieux que le meilleur procès (*Qc*))

Bolje je ne početi nego ne dočeti → Ili ne pokušavaj, ili dovrši

Bolje je nemati nego otimati → Oteto- prokleto

Bolje je pametna glava nego dolina para
Od znanja glava ne boli
Lat: Scientia est potentia
Cf: Znanje je pravo imanje

Le savoir, c'est le pouvoir

Bolje je pošteno umrijeti nego sramotno živjeti → Bolja je poštena smrt nego nepošten (sramotan) život

Bolje je umjeti nego imati → Znanje je pravo imanje

Bolje je vjerovati svojim očima nego tuđim riječima
Cf: Što čuješ, ne vjeruj; što vidiš, to vjeruj

Il faut le voir pour le croire

Bolje je znanje nego imanje → Znanje je pravo imanje

Bolje je znati nego imati → Znanje je pravo imanje

Bolje prvi u selu nego zadnji u gradu
Lat: Malo hic esse primus quam Romae secundus

Mieux vaut être le premier dans son village que le second dans Rome (en ville)
Il vaut mieux être le premier de sa race que le dernier
Mieux vaut être tête de souris que queue de lion

Bolje reci neću, nego sad ću
Cf: Ne ostavljaj za sutra ono što možeš uraditi danas; Posao nije zec, neće pobjeći

Ce qui est fait n'est pas (plus) à faire

Bolje s mirom nego s čirom → Bolje je mršav mir nego debeo proces (debela parnica)

Bolje se pokliznuti nogom nego jezikom

Brži jezik od pameti

Cf: Jezik je više glava posjekao nego sablja; Riječ iz usta, a kamen iz ruke; Šutnja je zlato

Il vaut mieux glisser du pied que de la langue

Bolje spriječiti nego liječiti

Lat: Melius et utilius (est) in tempore occurrere, quam post causam vulneratam quarere remedium

Il vaut mieux prévenir que guérir

Bolje svračak u ruci nego soko u planini → Bolje vrabac u ruci nego golub na grani

Bolje vrabac u ruci nego golub na grani

Bolje je kukavicu u ruci no sokola u planini (imati)

Bolje svračak u ruci nego soko u planini

Bolje vrabac u ruci nego zec u šumi

Bolji je jedan zec u čanku nego dva u polju

Cf: Ko hoće (traži) veće, izgubi ono iz vreće

Un tiens vaut mieux que deux tu l'auras (var. Mieux vaut un tiens que deux tu l'auras)

Mieux vaut tenir que courir

L'alouette en main vaut mieux que l'oie qui vole

Le moineau dans la main vaut mieux que la grue qui vole

Il ne faut pas laisser la proie pour l'ombre

Bolje vrabac u ruci nego zec u šumi → Bolje vrabac u ruci nego golub na grani

Bolje znano s manom, nego neznano s hvalom

Mieux vaut la vieille voie que le nouveau sentier

Marie-toi devant ta porte avec quelqu'un de ta sorte (*Qc*)

On sait ce que l'on quitte, on ne sait pas ce que l'on prend

Bolji je dobar glas nego zlatan pâs

Cf: Zlo se čuje dalje nego dobro

Bonne renommée vaut mieux que ceinture dorée

Bon renom vaut un héritage

Bolji je dram sreće nego oka pameti (vx.)

Cf. Ko je srećan i vrane mu jaja nose

Chance vaut mieux que bien jouer

Chance passe science

Mieux vaut une once de fortune qu'une livre de sagesse

Une once de chance vaut mieux qu'une livre de savoir faire (*belge*)

Bolji je jedan zec u čanku nego dva u polju → Bolje vrabac u ruci nego golub na grani

Bozadžija za salebdžiju

Lat: Asinus asinum fricat

L'âne frotte l'âne (var. Un âne en frotte un autre; Un âne gratte l'autre)

Un sot trouve toujours un plus sot qui l'admire

Brada narasla, a pameti ne donijela

Zaman brci, kad pameti nema

Cf: Sjedine u glavu, a pamet u stranu; Pop se ne bira po bradi, nego po glavi

La barbe ne fait pas l'homme

En la grande barbe ne gît pas le savoir

Brdo se s brdom ne može sastati, a živi se ljudi sastanu
Gora se s gorom ne sastaje, a čovjek s čovjekom vazda

Il n'y a que les montagnes qui ne se rencontrent pas

Brnjicu na gubicu → Jezik za zube

Brži jezik od pameti → Bolje se pokliznuti nogom nego jezikom

Budala je ko hoće da zna šta se u svačijem lončiću vari
Kad porasteš, kaz'će ti se samo (hum.)

La curiosité est un vilain défaut

Budale se mnogo smiju
Budale se smiju bez razloga

Au rire connaît-on le fol et le niais

Budale se smiju bez razloga → Budale se mnogo smiju

C

Car daleko, a Bog visoko → Bog visoko, a car daleko

Car nad carem se uvijek nađe → I nad popom ima pop

Caru carevo, a Bogu božje (dati)

Lat: Redde Caesari quae sunt Caesaris, et quae sunt Dei Deo

Il faut rendre (rendez) à César ce qui est à César, et, (rendez) à Dieu ce qui est à Dieu

Carska se ne poriče

Cf: Čovjek se veže za jezik, a vo za rogove; Obećanje - sveto dugovanje

Homme d'honneur n'a qu'une parole

Promesse oblige!

Cigu migu za tri dana, kuku lele dovijeka → Ko se brzo ženi, polako se kaje

Cilj opravdava sredstvo

Lat: Exitus acta probat

La fin justifie les moyens

Qui veut la fin veut les moyens

Crna koka bijela jaja nosi

Ako je i crna krava, bijelo mlijeko daje

U crnoj zemlji bijelo žito rodi

Cf: U ratara crne ruke, a bijela pogača

Noire géline pond blanc œuf

Une poule noire pond un œuf blanc

Même une vache noire a le lait blanc

Čaša iza čaše, a iza čaše istina → Što trijezan misli, pijan govori

Četiri oka vide bolje nego dva
Lat: Plus vident oculi, quam oculus
Cf: Dvojica više znaju nego jedan

Deux yeux voient plus clair qu'un
Quatre yeux voient mieux (plus clair) que deux (Mieux voient quatre yeux que deux (*Qc*))

Čija sila, onoga i pravda → Sila boga ne moli

Čija sila, toga je i sud → Sila boga ne moli

Čini dobro, pa i u vodu baci
Cf: Ko dobro čini, neće se kajati; Čini pravo, boj se Boga, pa se ne boj nikoga; Učini dobro, ne kaj se; učini zlo, nadaj se

Faites le bien et jetez-le dans la mer

Čini drugom što je tebi drago da ti se učini

Što ne želiš sebi, nemoj ni drugome

Lat: Quod tibi fieri non vis, alteri ne feceris

Ne faites (fais) pas à autrui ce que vous ne voudriez pas (tu ne voudrais pas) qu'il te (vous) fasse (fit)

Fais (faites) à autrui ce que tu voudrais (vous voudriez) qu'on te (vous) fit

Ce que l'oie ne se laisse pas faire, elle ne doit pas le faire au canard

Čini pravo, boj se Boga, pa se ne boj nikoga → Čini dobro, pa i u vodu baci

Činjenice su tvrdoglave → Ako koza laže, rog ne laže

Čist račun, duga ljubav

Lat: Clara pacta, boni amici

Les bons comptes font les bons amis

Les comptes courts font les amis longs

Čistoća je pola zdravlja

Netteté nourit santé

Čizma glavu čuva (a kapa krasi)

Le pied sec, chaud la tête, au reste vivez en bête

Čovjek čovjeka ne može poznati dok sa njim džak soli ne izjede → Dok s nekim vreću brašna ne pojedeš, ne možeš ga upoznati

Čovjek je čovjeku vuk

Lat: Homo homini lupus (est)

L'homme est un loup pour l'homme

Čovjek je star onoliko koliko se staro osjeća

~ On a l'âge de ses artères

Čovjek je u nevolji dosjetljiv → Nevolja svačemu čovjeka nauči

Čovjek kaže, a Bog raspolaže (određuje) → Čovjek snuje, a Bog odlučuje

Čovjek ne živi da bi jeo, već jede da bi živio

Jedemo da živimo, a ne živimo da jedemo

Il faut manger pour vivre et non vivre pour manger

Čovjek ne živi samo od hljeba

L'homme ne vit pas seulement de pain

Čovjek se nada dok je god duše u njemu

Lat: Dum spiro spero

Cf: Nada zadnja umire

Tant qu'il y a de la vie, il y a de l'espoir

Čovjek se uči dok je živ (pa opet lud umre)

Čovjek se do smrti uči

On apprend à tout âge (var. Il n'y a pas d'âge pour apprendre; On n'est jamais trop vieux pour apprendre)

Čovjek se do smrti uči → Čovjek se uči dok je živ (pa opet lud umre)

Čovjek se veže za jezik, a vo za rogove

Jezik veže ljude, uže konje i volove

Lat: Verba ligant homines, taurorum cornua funes

Cf: Carska se ne poriče; Obećanje - sveto dugovanje

On lie les bœufs par les cornes et les hommes par les paroles (var. On prend les bêtes par les cornes, et les hommes par la parole)

Čovjek snuje, a Bog odlučuje (određuje)

Čovjek kaže, a Bog raspolaže

Lat: Homo preponit, sed deus disponit

Cf: Od sudbine ne možeš pobjeći; Ko se za vješala rodio neće potonuti

L'homme propose, (et), Dieu dispose (var. Ce que l'homme propose, Dieu autrement dispose)

Čuvaj bijele novce za crne dane

Cf: Manje jedi, pa kupi; U radiše svega biše, u štediše jošte više

Il faut garder une poire pour la soif (*Qc*)

Čuvaj ti mene od svoga, a od tuđega ću se ja sam (čuvati) →
Sačuvaj me, Bože, od prijatelja, a od neprijatelja čuvaću se sam

Da čovjek zna gdje će vrat slomiti, nikada ne bi tuda prošao →
Kad bi čovjek znao gdje će pasti, prije toga bi sjeo

Da ima sira i masla, i moja bi mati znala gibati gibanicu →
Da imamo brašna, ko što nemamo masla, pa još u selu tepsiju da
posudimo, što bismo dobru pogaču ispekli

Da imamo brašna, ko što nemamo masla, pa još u selu tepsiju da posudimo, što bismo dobru pogaču ispekli

Da ima sira i masla, i moja bi mati znala gibati gibanicu

Kad bi ovako, kad bi onako...

Šta bi bilo kad bi bilo

Cf: Da je baba deda...

Avec des si, on mettrait Paris en bouteille

Si la mer bouillait, il y aurait bien des poissons cuits

Si le ciel tombait, il y aurait bien des alouettes prises (vx.)

Au cas que Lucas n'ait qu'un œil, sa femme aurait épousé un borgne

Si souhaits fussent vrais, pastoureaux rois seraient

Da je baba deda...

Cf: Da ima sira i masla, i moja bi mati znala gibati gibanicu; Da su babi muda, bila bi deda

Si ma grand-mère avait des roues, ce serait un autobus

Si ma grand-mère avait eu des roues, c'eût été un tracteur (*Qc*)

Da je pamet do kadije kao od kadije

Da je pamet do suda kao od suda

Svako je mudar po šteti

Cf: Ko nema u glavi, ima u nogama

Tout le monde est sage après coup

Après dommage chacun est sage

Da je pamet do suda kao od suda → Da je pamet do kadije kao od kadije

Da je steći košto reći, svi bi bogati bili

Da je tkati kao zjati (sve bi Sarajke svilene košulje nosile)

Cf: Da imamo brašna, ko što nemamo masla, pa još u selu tepsiju da posudimo, što bismo dobru pogaču ispekli

Bien dire fait rire, bien faire fait taire

À beau parler qui n'a cure de bien faire

Il vaut mieux se taire que follement parler

Da je tkati kao zjati (sve bi Sarajke svilene košulje nosile) → Da je steći košto reći, svi bi bogati bili

Da kucnem o drvo

Touchons du bois

Da padne na leđa, razbio bi nos

Kome Bog sreće nije dao, onome je kovač ne može skovati

Cf: Da se za zelen bor uhvatim, i on bi se zelen osušio

Il tombe sur le dos et se casse le nez

Da se za zelen bor uhvatim, i on bi se zelen osušio

Na nesretnom se kola lome

Cf: Da padne na leđa, razbio bi nos

Quand le guignon est à nos trousses, on se noie dans un crachat

Quand un âne va bien, il va sur la glace et se casse une patte

Plus il gèle, plus il étreint

Le chien attaque toujours celui qui a les pantalons déchirés

Da su babi muda, bila bi deda (fam, hum, vulg)

Cf: Da je baba deda...

Si ma tante en avait, on l'appellerait mon oncle (inf., hum., vulg.)

Da te čovjek po smrt pošalje, naživio bi se → Bilo bi ga (te...) dobro po smrt poslati

Daće Bog (raji) gaće, ali ne zna kad će

Biće gaće, ali ne znam kad će

À barque désespérée Dieu fait trouver le port

Daj šta daš

C'est mieux que rien

Daj ti meni plačidruga, a pjevidruga je lako naći

Cf: Nesta vina, nesta razgovora, nesta blaga, nesta prijatelja

Souriez et l'on sourit avec vous, froncez les sourcils et vous etes seul (var. Riez et l'on rit avec vous, pleurez et vous pleurez seul)

Plus sont de compères que d'amis

En petit lit et grand chemin se connaît l'ami et l'affin

Dala baba groš da uđe u kolo, dala bi dukat da izađe

Après l'amour le repentir

Daleko od očiju, daleko od srca

Izvan očiju, izvan pameti

Lat: Procul ex oculis, procul ex mente

Loin des yeux, loin du cœur

L'absence est l'ennemi de l'amour

Daleko ti kuća od moje! → Široko ti polje!

Dame biraju → Dame imaju prednost

Dame imaju prednost

Dame biraju

Les dames d'abord

Dame se ne pitaju za godine → Godine nisu važne

Dan po dan, noć po noć - čovjek se bliži grobu → Danci k'o sanci, a godišta k'o ništa

Dan po dan, dok i smrt za vrat → Danci k'o sanci, a godišta k'o ništa

Dan se hvali kad veče, a život kad smrt dođe → Ne hvali dan prije večeri

Danas čovjek, sutra crna zemlja → Danas jesmo, sutra nismo (a sutra nas nema)

Danas imaš, sutra nemaš

Cf: Danas vezir, sutra rezil; Kolo sreće se okreće

Il y a les jours avec et les jours sans (*fam.*)

Après grand banquet, petit pain

Danas ja, sutra ti

Lat: Hodie mihi, cras tibi; Mihi heri, et tibi hodie

Cf: Danas meni, sutra tebi

Aujourd'hui c'est moi, demain ce sera toi

Danas jesmo, sutra nismo (a sutra nas nema)

Danas čovjek, sutra crna zemlja

Ne zna se šta nosi dan a šta noć

Cf: Danci k'o sanci, a godišta k'o ništa

Aujourd'hui en chair, demain en bière

Aujourd'hui en fleurs, demain en pleurs

Danas meni, sutra tebi

Cf: Danas ja, sutra ti

Aujourd'hui à moi, demain à toi

Danas vezir, sutra rezil

Lat: Hodie Caesar, cras nihil

Cf: Danas imaš, sutra nemaš; Kolo sreće se okreće

Aujourd'hui maître, demain valet

Aujourd'hui roi, demain rien

Aujourd'hui chevalier, demain vacher

Cent ans bannière, cent ans civière (*vx.*)

Danci k'o sanci, a godišta k'o ništa

Dan po dan, noć po noć - čovjek se bliži grobu

Dan po dan, dok i smrt za vrat

Što dalje - sve bliže smrti

Cf: Vrijeme leti

Les jours se suivent et (mais ils) ne se ressemblent pas

Daš mu prst, a on uzme cijelu šaku

Cf: Apetit dolazi za vrijeme jela

Accordez-lui long comme un doigt, il en prendra long comme un bras

Davljenik se i za slamku hvata
Kad čovjek tone, i za vrelo
gvožđe se hvata

Un noyé s'accroche à un brin de
paille (d'herbe)

**Devet puta valja riječ preko
jezika prevaliti prije neg' je
izrekneš**

Cf: Ispeci, pa reci!

Tourne ta langue sept fois dans ta
bouche avant de parler (var. Il faut
tourner la langue sept fois dans sa
bouche avant de parler)

**Djeca, budale i pijani istinu
govore**

Cf: Istina je u vinu; Što na umu,
to na drumu; Što trijezan misli,
pijan govori

La vérité sort de la bouche des
enfants

Djelo čovjeka hvali → Zanatliju posao pokazuje

Dobar glas daleko se čuje

Les nouvelles vont vite

Dobar konj se i za jaslima prodaje → Dobrom konju se i u štali
nađe kupac

Dobar majstor para vrijedi

Un bon ourvrier n'est jamais trop
chèrement payé

Dobar početak - lak svršetak

Cf: Napola je učinio ko je dobro
počeo; Ko dobro počne, on je na
pola radnje

Ce qui est bien commencé, est à
demi achevé

Dobar posao se sam hvali → Zanatliju posao pokazuje

Dobar savjet zlata vrijedi

Quoique vous soyez vieux et sage,
d'un bon conseil faites usage (vx.)

Ne méprise jamais un conseil utile
de quelque part qu'il vienne

Dobra ovca mnogo ne bleji, ali mnogo vune daje → U mnogo zboga
malo stvora

Dobra roba sama se prodaje, a djevojka sama se udaje → Dobrom
konju se i u štali nađe kupac

**Dobro je i u paklu imati
prijatelja**

Il est bon d'avoir des amis partout

Dobro se dobrim vraća

Ko dobro čini, bolje dočeka (a
ko zlo čini, gore dočeka)

Cf: Čini dobro, pa i u vodu baci;
Ko dobro čini, neće se kajati;
Pamti pa vrati

Qui bien fera, bien trouvera

**Dobro se ne pozna dok se ne
izgubi**

Imadoh - ne znadoh, izgubih -
poznadoh

Bien perdu, bien connu

Quand le puits est à sec, on sait ce
que vaut l'eau

Une vache ne sait ce que vaut
sa queue, jusqu'à ce qu'elle l'ait
perdue

**Dobroga je pastira posao
(dužnost) ovce strići, a ne
derati**

Il faut tondre les brebis et non pas
les écorcher

Dobrom konju se i u štali nađe À bon vin point d'enseigne
kupac

Dobra roba sama se prodaje, a
djevojka sama se udaje

Dobar konj se i za jaslima
prodaje

~ Zlatu će se kujundžija naći

Dockan, kume, popodne u crkvu → Kasno Marko na Kosovo stiže

Doće maca na vratanca Tous les renards se trouvent à la
fin chez le pelletier

Doći će tikva na vodu (koka
na sjedalo; vranac u tijesan
klanac) Son compte est bon

Cela risque fort de lui arriver

Doći će i njemu crni petak (zlo
jutro) A la Sainte-Catherine, le porc
couine

Doći će plata na vrata A chaque porc vient la Saint-
Martin

Cf: Nije ničija do zore gorila:
Lija lija, pa dolija Chacun ne sait qui lui pend au nez
(var. Ça te pend au nez)

Doći će i mojih pet minuta → Doći će sunce i pred naša vrata

Doći će i njemu crni petak (zlo jutro) → Doće maca na vratanca

Doći će koka na sjedalo → Doće maca na vratanca

Doći će plata na vrata → Doće maca na vratanca

Doći će sunce i pred naša vrata
Biće jednom i u paklu vašar
Doći će i mojih pet minuta
Jednom će i nama zora svanuti
Zaigraće mečka i pred našom kućom
Zaoriće se i naša davorija

Notre jour viendra
Le diable n'est pas toujours à la portée d'un pauvre homme

Doći će tikva na vodu → Doće maca na vratanca

Doći će vranac u tijesan klanac → Doće maca na vratanca

Dođoše divlji, istjeraše pitome Autant de pris sur l'ennemi
Cf: Nezvanom gostu mjesto iza vrata

Dogodilo se - ne pomenulo se → Bilo, pa prošlo (ka' i lanjski snijeg)

Dogovorna je najbolja
Cf: Bolje je mršav mir nego debeo proces (debela parnica)

Mieux vaut s'accomoder que plaider
Mieux vaut en paix un œuf qu'en guerre un bœuf

Dok dijete ne zaplače, mati ga se ne sjeća
Cf: Dok ne pokucaš, neće ti se otvoriti; Ko pita, ne skita

Le roi n'est pas servi sans qu'il parle
Le soleil n'échauffe que ce qu'il voit
Qui ne prie ne prend

Dok je leđa, biće i samara

Cf. Što se mora nije teško

Le bon Dieu donne des cornes à biquette comme elle peut les porter

À brebis tondue, Dieu mesure le vent (var. Dieu mesure le froid à la brebis tondue)

Dok je šiba tanka, treba je ispravljati → Drvo se savija dok je mlado

Dok jednom ne smrkne, drugom ne svane

(var. Jednom smrklo, drugom svanulo)

Jednoga smrt, drugoga uskrs

Cf: Njegova bolest drugoga zdravlje

Le malheur des uns fait le bonheur des autres

Mort du louveteau, santé de l'agneau

Ce qui nuit à l'un profite à l'autre

Dok ne pokucaš, neće ti se otvoriti

Ko kuca tome se i otvara

Cf: Dok dijete ne zaplače, mati ga se ne sjeća; Ko pita ne skita

Demandez et l'on vous donnera, cherchez et vous trouverez, frappez et l'on vous ouvrira

On ne perd rien à essayer

Dok s nekim vreću brašna ne pojedeš, ne možeš ga upoznati

Čovjek čovjeka ne može poznati dok sa njim džak soli ne izjede

Cf: Više vrijedi jedan stari prijatelj nego nova dva

Il faut avoir mangé un minot de sel avec quelqu'un pour le connaître (var. On ne peut dire ami celui avec qui on n'a pas mangé quelques minots de sel;

On ne connaît son ami qu'après avoir mangé avec lui beaucoup de sel)

Dok se dvoje svađaju, treći se koristi

Lat: Tertius gaudens

Pendant que les chiens s'entregrondent le loup dévore la brebis

Quand les chiens s'entredéchirent (s'entrepillent), le loup fait ses affaires

Dok se muke ne namuči, pameti se ne nauči → Bez muke nema nauke

Dome, slatki dome → Svoja kućica, svoja slobodica

Domovina (Otadžbina) je tamo gdje ti je dobro

Cf: Kuća (dom) je tamo gdje je srce

Le pays est la où l'on se peut vivre

Došli gosti da oglođu kosti

Encore un/une que les Anglais (les Allemands…) n'auront pas!

Drugo vrijeme, drugi običaji

Novo vrijeme, novi običaji

Cf: Vremena se mijenjaju

Autres temps, autres mœurs

Selon le temps, la manière

Drvo se poznaje po plodu

Cf: Zanatliju posao pokazuje

C'est au fruit qu'on connaît l'arbre

Drvo se savija dok je mlado

Dok je šiba tanka, treba je ispravljati

Staro se drvo ne savija

Iz malena se trn oštri

Il est plus facile de plier un jeune plant que de redresser un arbre

L'arbre se redresse quand il est jeune

Drž' se nova puta i stara prijatelja → Više vrijedi jedan stari prijatelj nego nova dva

Dug je zao drug

Cf: Ko je dužan, taj je tužan

Qui prête aux amis perd au double

Mieux vaut acheter qu'emprunter

Duga kosa, kratka pamet

Cheveux longs, idées courtes

La femme est un animal à cheveux longs et à idées courtes

Dva (Tri) hajduka, devet kapetana (*vx.*)

Trop de chefs, pas assez d'Indiens (*am., trad.*)

Dva loša ubiše Miloša

Jača su dvojica nego sam Radojica

Cf: Složna braća kuću grade; Kad se slože i slabi su jaki

Homme seul est viande à loup

Dva trećega ne čekaju → Bez jednog čovjeka (Cigana) može biti vašar

Dvaput daje ko odmah daje

Qui donne tôt, donne deux fois

Dvije smrti ne čekaju, a jedna ne manjka → Jednom se rađa, a jednom umire

Dvojica više znaju nego jedan

Cf: Četiri oka vide bolje nego dva

Deux avis valent mieux qu'un

Il y a plus d'esprit dans deux têtes que dans une (*Qc*)

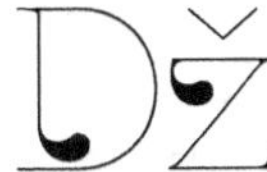 Dž

Džaba (Badava) se ni Hristov grob ne čuva

Cf: Bez para ni u crkvu

Toute peine mérite salaire (*vieilli*)

Đavo nije tako crn kao što izgleda

Nije ni đavo tako crn kao što ga pišu (kao što ljudi govore)

Le diable n'est pas si noir qu'on le fait

**Ekser drži potkov, potkov
konja, konj junaka, junak grad,
a grad zemlju**

Faute d'un clou on perdit un
royaume

Faute d'un clou, le fer fut perdu,
Faute d'un fer, le cheval fut perdu,
Faute d'un cheval, le cavalier fut
perdu,
Faute d'un cavalier, la bataille fut
perdue,
Faute d'une bataille, le royaume fut
perdu,
Et tout cela, faute d'un clou de fer
à cheval

Galija jednog ne čeka → Bez jednog čovjeka (Cigana) može biti vašar

Gdje bi jaje kokoš učilo?
Rep glavi ne zapovijeda

Cf: Ribu uči plivati; Teško kući gdje je kokoška glasnija od pijetla

C'est Gros-Jean qui en remontre (veut en remontrer) à son curé

Faire comme saint Jean qui donnait le baptême sans l'avoir reçu (vx.)

Gdje čeljad nije bijesna, kuća nije tijesna

Cf: Što više, to bolje

Plus on est de fous, plus on rit

Gdje će kruška no pod krušku → Iver ne pada daleko od klade

Gdje dvoje diše, treće se piše

Ça comence par un baiser, ça finit par un bébé (Qc)

Gdje ima dima, ima i vatre

Il n'y a pas de fumée sans feu (var. Oncques feu ne fut sans fumée)

Gdje je Bog rekao laku noć → Bogu iza nogu (iza leđa)

Gdje je magla panj izvalila?

Cf: Ne padaju iz neba pečene mušmule (ševe)

C'est bien vrai, ce mensonge?

En conter de belles, de vertes et des pas mûres, de toutes les couleurs (var. En entendre de belles (de bonnes, dures, raide, de toutes les couleurs))
Ni gras poussin, ni sage Breton

Gdje je potok, biće i potočina

Kud je voda jednom tekla, opet će poteći

Cf: Para na paru ide

L'eau va à la rivière
L'eau court toujours en la mer

Gdje je puno baba kilava su djeca

Cf: Što je svačije, to je ničije

Deux patrons font chavirer la bargue

Trop de cuisinières gâtent la sauce

Quand il y a plusieurs cuisiniers, la soupe est trop salée (var. Plus il y a de cuisiniers, moins la soupe est bonne)

Gdje je sova (vrana) izlegla sokola?

Sova nikad ne rodi sokola

Iz vrane šta ispadne, teško soko postane

Od zla oca, još od gore majke (ne mogu ni djeca biti valjana)

Lat: Mala gallina - malum ovum

Cf: Kakav otac, takav sin; Nije od Doga već od roda

L'aigle n'engendre pas la colombe
Jamais un corbeau n'a fait un canari
De mauvais corbeau mauvais œuf
Les chiens ne font pas les chats
On ne saurait faire d'un buse un épervier
On ne peut faire d'une colombe un épervier
On ne peut faire un épervier d'un busard

Gdje je sreća, tu je i nesreća; gdje je nesreća, tu i sreće ima → U svakom zlu ima dobra

Gdje je tanko, tamo se i kida
Le fil ténu casse (var. Trop menu, le fil casse)

Gdje koga boli onde se i pipa
La langue va où la dent fait mal
Gdje koga svrbi onde se i češe

Cf: Ko o čemu, baba o uštipcima

Gdje laž ruča, tu ne večera → U laži su kratke noge

Gdje ništa nema i car prava nema
Où n'y a rien, le roi perd ses droits
La plus belle fille (du monde) ne peut donner que ce qu'elle a
Cf: Kad ne može - ne može

Gdje se jedna vrata zatvaraju, sto drugih se otvaraju → Bog zatvori jedna vrata, a otvori stotinu

Gdje si bio - nigdje, šta si radio - ništa
Le temps s'en va et je n'ai rien fait

Gdje si pjevao ljetos, pjevaj i zimus → Ko ljeti planduje, zimi gladuje

Gdje su prijatelji, tu je i bogatstvo
Mieux vaut ami en voie que denier en courroie
Prijatelj je najbolja imovina u životu
Un bon ami vaut mieux que cent parents
Amis valent mieux qu'argent
Qui a un bon ami n'est pas pauvre

Glad i kurjaka iz šume istjera → Gladan kurjak usred sela ide

Glad je najbolji kuhar (začin)
Gladnom psu i divljake slatke

Lat: Cibi condimentum esse
famem; Fames optimum
condimentum

Cf: Gladnom psu i divljake slatke;
Žedan konj mutnu vodu ne gleda

Il n'est (de) sauce que d'appétit
L'appétit est le meilleur cuisinier
La faim (l'appétit) assaisonne tout
Dents aiguës et ventre plat
trouvent tout bon qu'est au plat

Gladan kurjak usred sela ide
Glad i kurjaka iz šume istjera

La faim chasse (fait sortir) le loup
du bois

Gladan medvjed ne igra → Gladan pas ne može lajati

Gladan pas ne može lajati
Gladan medvjed ne igra

Lat: Plenus venter non studet
libenter

Cf: Žedan konj mutnu vodu ne
gleda

Ventre affamé n'a pas (point)
d'oreilles

Gladnom psu i divljake slatke
Cf: Glad je najbolji kuhar (začin)

À qui a faim, tout est pain
Pain dérobé réveille l'appétit

Glas naroda, glas božji
Lat: Vox populi vox dei

Voix du peuple est la voix de Dieu

Godine nisu važne
Dame se ne pitaju za godine

L' âge n'est fait que pour les
chevaux
L' âge ne compte pas

Gonio lisicu, izagnao vuka → Bježao od kiše, stigao ga grad

Gora se s gorom ne sastaje, a čovjek s čovjekom vazda → Brdo se s brdom ne može sastati, a živi se ljudi sastanu

Gospodareve oči konja goje

Cf: Tuđa ruka svrab ne češe

L'œil du maître engraisse le cheval

Il n'est pour voir que l'œil du maître

L'œil du fermier vaut fumier

Gospodskome smijehu i vedru vremenu ne valja vjerovati, jer se začas promijene

Cf: Nije tvrda vjera u jačega

S'associer avec un puissant n'est jamais sûr

Griješiti je ljudski

Ko se ne rodi, taj ne pogriješi

Cf: I guska katkad na ledu posrne; I pop u knjizi pogriješi; Niko nije savršen; Ko ne radi, taj ne griješi

L'erreur est humaine

Guska, prase, svak nek gleda za se → Svako za se svoju travu pase

Gvožđe se kuje dok je vruće

Cf: Sad ili nikad

Il faut battre le fer quand il est chaud (var. Il faut battre le fer pendant qu'il est chaud; Bat le fer tandis qu'il est chaud)

Hej, drugovi, je l' vam žao, rastanak se primakao

Il n'y a si bonne compagnie qui ne quitte (var. Il n'est si bonne compagnie qu'on ne quitte)

Partir, c'est mourir un peu

De douce assemblée, dure desservée

Hladne ruke, toplo srce

Froides mains, chaudes amours

Hrabre sreća prati

La fortune sourit aux audacieux

Od junačke glave sreća nije daleko

Lat: Audaces fortuna iuvat (juvat)

Cf: Boj ne bije svijetlo oružje, već boj bije srce u junaka

Hrani pašče da te ujede	Réchauffe un serpent dans ton sein, il te mordra (var. C'est un serpent que j'ai réchauffé dans mon sein)
	Élève un corbeau et il te crèvera les yeux
	Chante à un baudet, il te fera un pet (var. Fais du bien à un baudet, il te remerciera par ses crottes)
	Chantez à l'âne, il vous fera des pets
	Dépendez un pendu et il vous pendra
	~ Oignez vilain, il vous poindra; poignez vilain, il vous oindra

Htio - ne htio → Milom ili silom

Hvala je prazna plaća	Un grand merci ne remplit pas la bourse

Hvali more, drž' se kraja (obale)	Loue la mer, mais tiens-toi à terre

I

I brojene ovce vuk (kurjak) jede (*vx.*)   Brebis comptées, le loup les mange

Lat.: Non ovium curat numerum lupus

I car legne da mu se (ručak) slegne   Le repos et le repas revigore le corps et l'esprit las

I crv se svija ako ga zgaziš → I strpljenju dođe kraj

I ćorava koka zrno nađe   Le poulet aveugle trouve aussi du grain

I dren je malen, ali mu je drvo jako → Malena je 'tica prepelica, al'umori konja i junaka

I guska katkad na ledu posrne   Il n'est si bon cheval qui ne bronche

I patka na ledu posrne

I konj od sto dukata posrne

Cf: I pop u knjizi pogriješi; Ko ne radi, taj ne griješi; Na greškama se uči; Niko nije savršen; Griješiti je ljudski

I konj od sto dukata posrne → I guska katkad na ledu posrne

I mačka cara gleda (pa ga se ne boji)	Un chat peut bien regarder un roi Un chien regarde bien un évêque

I mi konja za trku imamo
Cf: Udario tuk na luk

À bon chat, bon rat

I mudri nekad pogriješe
Cf: I pop u knjizi pogriješi

Il n'est si bon qui ne faille

I muha je u mlinu bila, pa je rekla da je i ona mlinarica → Muha orala volu na rogu stojeći

I nad popom ima pop
Car nad carem se uvijek nađe
Svaka ptica ima nad sobom kopca

L'araignée mange la mouche et le lézard l'araignée
Il n'y a si fort qui ne trouve son maître

I nikom nije ljepše neg' je nam (samo da je 'vako svaki dan)

Le temps passe vite quand on est en bonne compagnie

I patka na ledu posrne → I guska katkad na ledu posrne

I pop u knjizi pogriješi
I mudri nekad pogriješe

Lat: Nemo mortalium omnibus horis sapit

Cf: I guska katkad na ledu posrne; Ko ne radi, taj ne griješi; Niko nije savršen; Griješiti je ljudski

À grand pêcheur échappe anguille
Il n'est si bon charretier (chartier) qui ne verse

I stara ovca so liže

Cf: Nikad nije kasno da se ljubi
strasno

Un vieux chat aime les jeunes
souries

I strpljenju dođe kraj

I crv se svija ako ga zgaziš

Il arrive que l'agneau devient
enragé

Quand les brebis enragent, elles
sont pires que les loups

Il n'y a point de si petit ver qui ne
se recroqueville si l'on marche
dessus

Craignez la colère de la colombe

I to će proći

Cf: Nije svaka muka dovijeka

Le malheur ne dure pas toujours

I vuk sit i ovce na broju

On ne peut pas ménager la chèvre
et le choux (var. On ne peut sauver
la chèvre et le choux (*vx.*))

I zid ima uši i plot ima oči → I zidovi imaju uši

I zidovi imaju uši

I zid ima uši i plot ima oči

Les murs ont des oreilles

Le bois a oreilles et le champ des
yeux

Ide kolo naokolo → Kolo sreće se okreće

Ide vrijeme, nosi breme

À chaque jour suffit sa peine

Ili jaje kamenu ili kamen jajetu → Ili loncem o kamen, ili kamenom
o lonac, teško loncu svakojako

Ili loncem o kamen, ili kamenom o lonac, teško loncu svakojako

Ili jaje kamenu ili kamen jajetu

Ako stijena kotluši, jao kotluši; ako kotluša stijeni, jao kotluši

C'est le pot de terre contre le pot de fer

Si la pierre donne contre la cruche ou la cruche contre la pierre, tant pis pour la cruche

Ili ne pokušavaj, ili dovrši

Bolje je ne početi nego ne dočeti

Cf: Napola je učinio ko je dobro počeo; Ko dobro počne, on je na pola radnje

Autant vaut bien battu que mal battu

Mieux vaut une fois bien finir que toujours peiner et languir

En commençant, pense à finir

Il faut bien commencer pour bien finir

Il faut commencer avant achever

Le sillon n'est pas le champ

Ima dana za megdana

Cf: Posao nije zec, neće pobjeći

Demain il fera jour

Ima pasa i osim šarova

Il y a plus d'un âne à la foire qui s'appelle Martin

Ima više sreće nego pameti

Lat: Fortuna favet fatuis

La fortune vient en dormant

Aux innocents les mains pleines

La fortune rit aux sots

Imadoh - ne znadoh, izgubih - poznadoh → Dobro se ne pozna dok se ne izgubi

Inat babi dušu gubi → Od inata nema goreg zanata

Inat je zao zanat → Od inata nema goreg zanata

Iskustvo je najbolji učitelj (u život u)

L'expérience est la maîtresse

Iskra užeže veliku vatru → Od male iskre velika vatra

Ispeci, pa reci!

Razmisli, pa reci

Cf: Devet puta valja riječ preko jezika prevaliti prije neg' je izrekneš; Prvo skoči, pa reci: "Hop!"

De fol juge brève sentence

Ispod (male) mire sto (devet) đavola vire

Potajni ugalj najgore ožeže

Cf: Tiha voda bregove valja

Le feu plus couvert est le plus ardent

Istina bode oči → Istina boli

Istina boli

Istina bode oči

Cf: Istina je gorka, ali se proždre

Il n'y a que la vérité qui blesse

Toute vérité n'est pas bonne à dire

Istina je gorka, ali se proždre

Cf: Istina boli

La verité est amère à entendre

Istina je u vinu

Lat: In vino veritas

Cf: Što trijezan misli, pijan govori; Djeca, budale i pijani istinu govore

La vérité est dans le vin

La vérité est au fond du verre

Istina suncem sja

La vérité est comme l'huile, vient au-dessus

Isto sranje, drugo pakovanje (fam., vulg.) → Nije šija nego vrat

Istorija se ponavlja

L'histoire se répète

Išla bi baba u Rim, ali nema s čim; kupila bi svašta, ali nema za šta

L'on ne doit pas avoir les yeux plus grands que le ventre

Cf: Ne pružaj se dalje od gubera

Iver ne pada daleko od klade

Cf: Gdje će kruška no pod krušku; Kakav otac, takav sin; Kakva majka, onakva i kćerka; Krv nije voda

La pomme ne tombe jamais loin de l'arbre

Tel arbre, tel fruit

Iz malena se trn oštri → Drvo se savija dok je mlado

Iz ove kože ne može → Šta je, tu je

Iz potočića biva rijeka

Cf: Zrno po zrno pogača, kamen po kamen palača

Les petits ruisseaux font les grandes rivières

Iz svake brade po dlaka, eto ćosi brade → Zrno po zrno pogača, kamen po kamen palača

Iz tvojih usta, pa u Božje uši

J'en accepte l'augure

Que Dieu t'entende

Iz vrane šta ispadne, teško soko postane → Gdje je sova (vrana) izlegla sokola?

Iza zime toplo, iza kiše sunce (biva) → Poslije kiše sunce sija

Iza zla vremena nema šta no ljepota → Poslije kiše sunce sija

Izdrž'o je Mujo i gore → Šuti i trpi

Izgled vara

Cf: Mantija ne čini kaluđera; Nije zlato sve što sija; Odijelo ne čini čovjeka; Pop se ne bira po bradi, nego po glavi

Les apparences sont (souvant) trompeuses

L'air ne fait pas la chanson

Il ne faut pas juger les gens sur la mine

Il ne faut pas juger de l'arbre (du bois) par l' écorce

Le plus beau papillon n'est qu'une chenille habillée

On ne connaît pas le vin au cercle

Izuzetak potvrđuje pravilo

L'exception confirme la règle

Lat: Exceptio probat regulam

Izvan očiju, izvan pameti → Daleko od očiju, daleko od srca

J

Ja derem jarca, a on kozu

Cf: Jedan u klin, drugi u ploču

Ce que pense l'âne ne pense l'ânier

Ce que ne veut Martin veut son âne

Ja tikvu u vodu, a tikva iz vode → Martin u Zagreb (Rim), Martin iz Zagreba (Rima)

Jača su dvojica nego sam Radojica → Dva loša ubiše Miloša

Jače selo od medvjeda → Kad se slože i slabi su jaki

Jazuk (je) baciti (hranu)

Que mangeras-tu quand la neige sera sur le côté nord de l'arbre?

Jedan, dva, tri, sve sto kažeš to si ti

Cf: Ne bi kriv ko prde, već ko ču

~ C'est celui qui dit qui l'est

Jedan k'o nijedan

Cf: Dva loša ubiše Miloša

Un homme, nul homme

Jedan prob'o, pa se usr'o (fam., vulg.)

Tel qui cherche de la laine s'en retourne tondu (var. Qui va chercher de la laine, revient tondu)

Jedan se oteg'o, drugi se proteg'o

Cf: Bog zatvori jedna vrata, a otvori stotinu; Ima pasa i osim šarova

Un(e) de perdu(e), dix de retrouvé(e)s (var. Pour un perdu, deux retrouvés)

Jedan u klin, drugi u ploču

Cf: Ja derem jarca, a on kozu

Chacun voit midi à sa porte

L'un tire à hue et l'autre à dia

Jedan za sve, svi za jednog → Svi za jednog, jedan za sve

Jedanput kao nijedanput → Jednom kao nijednom

Jedemo da živimo, a ne živimo da jedemo → Čovjek ne živi da bi jeo, već jede da bi živio

Jedna glava - hiljadu jezika

Trop gratter cuit, trop parler nuit

Jedna lasta ne čini proljeće

Cf: Jednom k'o nijednom

Une hirondelle ne fait pas le printemps

Jedna šugava ovca svo stado ošuga

Cf: U svakom žitu ima kukolja

Il ne faut qu'une brebis galeuse pour gâter le troupeau (var: À chaque troupeau sa brebis galeuse)

Brebis rogneuse fait souvent les autres teigneuses

Jedno na srcu, drugo na jeziku → Na jeziku med, a na srcu led

Jednoga smrt, drugoga uskrs → Dok jednom ne smrkne, drugom ne svane

Jednom će i nama zora svanuti → Doći će sunce i pred naša vrata

Jednom kao nijednom
Jedanput kao nijedanput

Cf: Jedna lasta ne čini proljeće

Une fois n'est pas coutume

Jednom se rađa, a jednom umire
Jednom se umire
Dvije smrti ne čekaju, a jedna ne manjka
Od dvije smrti niko ne gine
Nema smrti bez sudnjega dana

On ne meurt qu'une fois
De toutes les douleurs on ne peut faire qu'une mort

Jednom se umire → Jednom se rađa, a jednom umire

Jednom smrklo, drugom svanulo → Dok jednom ne smrkne, drugom ne svane

Jeftin espap kesu prazni (vx.) → Jeftino meso, čorba za plotom

Jeftino meso, čorba za plotom
Jeftin espap kesu prazni

Bon marché coûte cher (ruine)
Bon marché fait argent débourser (var. Bon marché tire l'argent de la bourse)
On n'a jamais bon marché de mauvaise marchandise
Bon marché vide le panier mais il n'emplit pas la bourse

Jezik je više glava posjekao nego sablja

Cf: Jezik kosti nema, a kosti lomi

Un coup de langue est pire qu'un coup de lance

Coup mortel gît en langue infecte

Jezik kosti nema, a kosti lomi

Cf: Jezik je više glava posjekao nego sablja

La langue n'a grain ni os, et rompt l'échine et le dos

Jezik veže ljude, uže konje i volove → Čovjek se veže za jezik, a vo za rogove

Jezik za zube

Brnjicu na gubicu

Il a encore manqué (perdu) l'occasion de se taire!

Još kad je car kaplar bio → Za Kulina bana i dobrijeh dana

Jutro je pametnije (mudrije) od večeri

Starije je jutro od večera

Lat: Dies diem docet; In nocte consilium

La nuit porte conseil

Prends conseil à l'oreiller, la nuit est mère des pensées

Kad bi čovjek znao gdje će pasti, prije toga bi sjeo
Da čovjek zna gdje će vrat slomiti, nikada ne bi tuda prošao

Si on savait où le loup passe, on irait l'attendre au trou

Kad bi mladost znala, kad bi starost mogla

Si jeunesse savait, si vieillesse pouvait

Kad bi ovako, kad bi onako... → Da imamo brašna, ko što nemamo masla, pa još u selu tepsiju da posudimo, što bismo dobru pogaču ispekli

Kad Bog hoće koga da kazni, najprije mu uzme pamet
Lat: Quos deus (Juppiter) vult perdere, prius dementat

Quand Dieu quelqu'un veut châtier, de bon sens le fait varier

Kad čovjek nada se pljune, na obraz će mu pasti
Ko više sebe pljuje, na obraz mu pada

Lat: In expuentis recidit faciem, quod in caelum expuit

Qui crache au ciel, il lui retombe sur le visage (var. Qui crache en l'air reçoit le crachat sur soi)

Kad čovjek tone, i za vrelo gvožđe se hvata → Davljenik se i za slamku hvata

Kad glad (bijeda) ulazi na vrata, ljubav izlazi kroz prozor

Lorsque la faim est à la porte l'amour s'en va par la fenêtre

Kad je bal, nek je bal (maskenbal)

Au diable l'avarice!

Il n'y a pas de bonne fète sans lendemain

Kad je brašna, nije masla; kad je masla, nije brašna

Qui a des dents n'a pas de pain, qui a du pain n'a pas de dents

Tel a du pain quand il n'a plus de dents

Kad kuća gori, barem da se čovjek ogrije

Od crknuta konja i potkova je korist

Cf: Daj šta daš

D'une mauvaise paye on tire ce que l'on peut

C'est toujours ça de pris (var. C'est toujours autant de pris)

Kad lisica predikuje, pazi dobro na guske

Quand le renard prêche, prenez garde à vos poules

Kad lupež lupežu što ukrade, i sam se Bog smije

Cf: Udario tuk na luk

C'est un double plaisir que de tromper le trompeur

Bon larron est qui à larron dérobe

Kad mačka ode, miševi kolo vode

Quand le chat n'est pas là, les souris dansent (var. Absent le chat, les souris dansent)

Où manque la police, abonde la malice

Kad na vrbi rodi grožđe

na kukovo ljeto

o Đurinu petku

Cf: Kad se dva petka sastanu
zajedno

Quand les poules auront des dents

Quand il lui tombe un œil

Ce n'est pas (c'est pas) demain la
veille (fam.)

**Kad najviše grmi, najmanje
kiše pada**

Cf: Pas koji laje, ne ujeda

Toutes les fois qu'il tonne, le
tonnerre ne tombe pas

Kad ne može - ne može

Gdje ništa nema i car prava
nema

~ Traži vatre na lanjskom
ognjištu

Cf: Ne može se glavom kroz
zid; Ne može se kriva Drina
ramenom ispraviti

À l'impossible nul n'est tenu

On ne peut pas peigner un diable
qui n'a pas de cheveux

Elle demande de la laine à un âne

D'un âne on ne peut demander de
la viande

**Kad nema djevojke dobra je i
baba**

Kad nema kiše dobar je i grad

Kad nema sokola i kukavici se
veseli

Suhoj zemlji i slana voda je
dobra

Cf: Ako ne možemo kako
hoćemo, mi ćemo kako možemo;
Bolje išta nego ništa

Faute de grives, on mange des
merles

Faute de bœuf, on fait labourer
son âne

Faute de pain, on mange de la
galette (*Qc*)

Kad nema kiše dobar je i grad → Kad nema djevojke dobra je i baba

Kad nema sokola i kukavici se veseli → Kad nema djevojke dobra je i baba

Kad oko ne vidi, srce ne žudi

Lat: Quod non videt oculus cor non dolet

Cf: Daleko od očiju, daleko od srca

Ce que les yeux ne voient pas ne fait pas mal au cœur

Cœur oublie ce qu'œil ne voit

L'absence est l'ennemi de l'amour

Kad porasteš, kaz'će ti se samo (hum.)

Zini da ti kažem

Cf: Budala je ko hoće da zna šta se u svačijem lončiću vari

Si on te le demande, tu diras que tu n'en sais rien

Kad se dva petka sastanu zajedno

Cf: Kad na vrbi rodi grožđe

(Dans) la semaine des quatre jeudis

Tous les trente-six du mois

aux calendes grecques

Jusqu'à la Saint-Glinglin (à la Saint-Saucisson; à la Saint-trou-du-cul)

Kad se jede i pije, onda je dosta prijatelja → Nesta vina, nesta razgovora, nesta blaga, nesta prijatelja

Kad se mora, mora se

Quand il faut y aller, faut y aller

Il faut ce qu'il faut

Il faut bien marcher quand on a diable à ses trousses

Kad se prase naije, ono korito prevali → Prase sito prevrne korito

Kad se slože i slabi su jaki → Složna braća kuću grade

Kad se tvoj vrag rodio, onda je moj gaće nosio (hum.)

(var. Kad su se tvoji đavoli rađali, moji su u kolu igrali; Kad su se tvoji đavoli rađali, moji su po gori skakali)

Cf: Što si stariji, to si pametniji

Si on te/lui pressait (tordait) le nez, il en sortirait du lait

Kad si u kolu, valja da igraš → Ko se u kolo hvata, mora i poigrati

Kad spava hljeba ne ište (hum.)   Qui dort dîne

Kad stari pas laje, valja vidjet šta je

Cf: Stara koka, dobra supa

Jamais bon chien n'aboie à faux

Kad sultan nazebe, raja kiše

Cf: Tukle se jetrve preko svekrve

Quand il pleut sur le curé, il dégoutte sur le vicaire

Quand *x* éternue, *y* s'enrhume

Kadija te tuži, kadija ti sudi

Cf: Ko je jači, taj i tlači; Sila boga ne moli

Que veut le roi ce veut la loi

Kakav gospodar, onakav i sluga

Lat: Qualis dominus, talis et servus; Qualis rex, talis grex

Tel maître, tel valet

Bon maître, bon serviteur

~Tel prêtre, tel peuple

~Tel curé, telle paroisse

Kakav gost, onakva mu čast

Cf: Prema svecu i tropar

À tout seigneur, tout honneur

À chacun selon son dû

Kakav je koji čovjek, onako s njim postupaj → Prema svecu i tropar

Kakav na jelu, takav na djelu

Bien boire et bien manger font bien travailler

Kakav otac, takav sin

Kakva vrba, takav klin, kakav otac, takav sin

Kakvo gnizdo, takva ptica, kakav otac, takva dica

Kakvo zvono, takav glas; kakvo žito, takav klas; kakvo drvo, takav kiln; kakav otac, takav sin

Lat: Qualis pater, talis filius

Cf: Krv nije voda; Iver ne pada daleko od klade; Kakva majka, onakva i kćerka

Tel père, tel fils

Bon chien chasse de race

Chat et chaton chassent le raton

Quand la chèvre saute au chou, le chevreau y saute itout

Kakav pozdrav, onaki i odzdrav

Tel bruit, tel écho

Kako došlo, onako i prošlo (tako i otišlo)

Što voda donijela, voda odnijela

Cf: Oteto - prokleto; Ko s nepravdom steče, s vragom rasteče

Ce qui vient de la flûte, s'en revient (s'en retourne, s'en va, s'en reva) par le tambour (au tambour)

Ce qui vient de fric s'en va de frac

Chose acquise facilement ne se garde chèrement

Mal gagné, mal dépensé

Ce qu'apporte le flot s'en retourne avec le jusant

Kako posiješ, onako ćeš i požnjeti → Što posiješ, to ćeš i požnjeti

Kako prostreš, onako ćeš ležati   Comme on fait son lit, on se couche
Cf: Što posiješ, to ćeš i požnjeti

Kako se pita, tako se i odgovara   À folle demande il n'y faut pas de réponse (var. À folle demande, point de réponse; À sotte demande (question), point de réponse)
Telle demande, telle réponse

Kakva majka, onakva i kćerka   Telle mère, telle fille
Cf: Kakav otac, takav sin; Krv nije voda; Iver ne pada daleko od klade

Kakva plaća, takva rađa → Koliko para, toliko muzike

Kakva sjetva, takva žetva → Što posiješ, to ćeš i požnjeti

Kakva služba, onakva i plaća   Tel travail, tel salaire
Cf: Kakva plaća, takva rađa   Qui fuit la meule fuit la farine

Kakva vrba, takav klin, kakav otac, takav sin → Kakav otac, takav sin

Kakvo gnizdo, takva ptica, kakav otac, takva dica → Kakav otac, takav sin

Kakvo sjeme, onakav i plod → Iver ne pada daleko od klade

Kakvo zvono, takav glas; kakvo žito, takav klas; kakvo drvo, takav kiln; kakav otac, takav sin → Kakav otac, takav sin

Kao pas kad leži na sijenu → Niti pas kosku glođe, niti je drugom daje

Kao pas vrtlarski: ni sam ije, ni drugom da jesti → Niti pas kosku glođe, niti je drugom daje

Kap koja je prelila čašu	La dernière goutte d'eau est celle qui fait déborder le vase (var. La goutte d'eau qui fait déborder le vase)
Kaplja kamen dubi Lat: Gutta cavat lapidem Cf: Zrno po zrno pogača, kamen po kamen palača	Goutte à goutte l'eau creuse la terre La goutte d'eau finit par creuser le roc

Kasno Janko na Kosovo stiže → Kasno Marko na Kosovo stiže

Kasno Marko na Kosovo stiže Kasno Janko na Kosovo stiže Dockan, kume, popodne u crkvu Lat: Post mortem medicina Cf: Nakon boja kopljem u trnje; Prošao voz; Da je pamet do kadije kao od kadije	Après la mort, le médecin Les jeux sont faits

Kašalj, šuga i ašikovanje ne može se sakriti

Siromaštvo i kašalj ne mogu se sakriti

Lat: Amor tussisque non celantur

Amour, toux, fumée et argent ne peuvent se cacher longuement (longtemps)

Kaži mi s kim si da znam ko si

Cf: S kim si, takav si; Ko s vragom tikve sadi o glavu mu se lupaju

Dis-moi qui tu fréquentes, je te dirai qui tu es

Klin se klinom izbija (a sjekira oba)

Lat: Similia similibus curantur

Un clou chasse l'autre

Il faut chasser le mal par le mal

Ko bi gori, sad je doli (a ko doli, gori ustaje)

Cf: Kolo sreće se okreće

Il n'y a chance qui ne rechange

Ko čeka, taj i dočeka

Cf: Strpljen - spašen

Tout vient à point (à) qui sait attendre

Tant crie-t-on Noël qu'il vient

Ko će ispraviti krivu Drinu? → Ne može se kriva Drina ramenom ispraviti

Ko dobro čini, bolje dočeka (a ko zlo čini, gore dočeka) → Dobro se dobrim vraća

Ko dobro čini, neće se kajati

Čini pravo, boj se Boga, pa se ne boj nikoga

Učini dobro, ne kaj se; učini zlo, nadaj se

Cf: Čini dobro, pa i u vodu baci

Un bienfait n'est jamais perdu

Une bonne action n'est (ne reste) jamais sans récompense

~ Il n'est jamais trop tard pour bien faire

Ko dobro počne, on je na pola radnje

Cf: Napola je učinio ko je dobro počeo; Dobar početak - lak svršetak

Barbe bien étuvée, barbe à demi rasée

Ko drugom jamu kopa, sam u nju pada

Tel est pris qui croyait prendre

Qui conduit dans le fossé (y) tombe le premier

Ko ga ne zna, skupo bi ga platio

Znam te, puško, kad si pištolj bila

Cf: Pod janjećom kožom mnogo puta vuk leži (često se vuk krije)

On lui donnerait le bon Dieu sans confession

Ce bloc enfariné ne me dit rien qui vaille

Au parler ange, au faire change

Quand le camelot a pris son plis, c'est pour tojours

Ko gdje nik'o, tu i obik'o → Navika je druga priroda

Ko hoće, taj i može

Sve se može kad se hoće

Vouloir, c'est pouvoir

À bonne volonté ne faut la faculté

Ko hoće (traži) veće, izgubi i ono iz vreće

Cf: Ne traži hljeba preko pogače

Le mieux est l'ennemi du bien

On risque (hasarde) de tout perdre en voulant trop gagner (var. À vouloir trop avoir, l'on perd tout)

L'avarice perd tout en voulant tout gagner

Qui tout convoite, tout perd

Trop de profit crève la poche

Qui trop embrasse, mal étreint

Plus a le diable plus veut avoir

Il faut lier le sac avant qu'il soit trop plein

Ko ima sreće u kartama, nema u ljubavi

Heureux au jeu, malheureux en amour

Ko je dužan, taj je tužan

Cf: Dug je zao drug

L'argent emprunté porte tristesse

Qui doit n'a rien à soi

Qui paie ses dettes s'enrichit

Ko je jači, taj i tlači

Cf: Kadija te tuži, kadija ti sudi; Sila boga ne moli

La raison du plus fort est toujours la meilleure

Au faible le fort fait souvent tort

À bien petite occasion se saisit le loup du mouton

Ko je lud, ne budi mu drug

Qui fol naquit jamais ne guérit

Ko je srećan i vrane mu jaja nose

Cf: Bolji je dram sreće nego oka pameti

Bien dance à qui la fortune chante

Les alouettes lui tombent rôties dans la bouche

Les fées se sont penchées sur son berceau

À qui la fortune est belle son bœuf vêle

Ko jedanput slaže, drugi put mu se ne vjeruje, iako istinu kaže →
Ko jedanput slaže, drugi put zaludu kaže

Ko jedanput slaže, drugi put zaludu kaže Ko jedanput slaže, drugi put mu se ne vjeruje, iako istinu kaže Lat: Mendax in uno, mendax in omnibus Cf: U laži su kratke noge; Ko laže taj i krade	Qui dit un mensonge, en dit cent Un menteur n'est point écouté, même quand il dit la vérité Un mensonge en attire un autre
Ko jezika ima, pogodi do Rima (vx.) Pitajući u Carigrad (može se otići) Cf: Ko pita, ne skita	En demandant on va à Rome Qui langue a, à Rome va
Ko juri dva zeca odjednom, ne ulovi nijednog Lat: Duos insequens lepores, neutrum capit Cf: Ne može se sjediti na dvije stolice; Ne može se spavati i pipune čuvati; Ko hoće (traži) veće, izgubi ono iz vreće	Qui court deux lièvres à la fois n'en prend aucun (var. On ne peut pas (Il ne faut pas) courir deux lièvres à la fois)

Ko kakvu pitu želi, onakve jufke i savija → Kusaj šta si udrobio

Ko kriva žali, pravom griješi	Un vice non puni s'accroît à l'infini

Ko kuca tome se i otvara → Dok ne pokucaš, neće ti se otvoriti

Ko laže taj i krade
Ko rad laže, rad i krade

Montre-moi un menteur, et je te montrerai un voleur (larron)

Ko lopova krije i on bolji nije

Autant pèche celui qui tient le sac que celui qui l'emplit (met dedans)

Tant vaut celui qui tient que celui qui écorche

Ko ljeti planduje, zimi gladuje
Gdje si pjevao ljetos, pjevaj i zimus

Il faut travailler en jeunesse pour reposer en vieillesse

Jeunesse oiseuse, vieillesse disetteuse

Qui dort en août dort à son coût

Ko me jedanput prevari, ubio ga Bog; ko me dvaput prevari, ubio me Bog

Qui me trompe une fois, honte à lui; qui me trompe deux fois, honte à moi

~ Un renard n'est pas pris deux fois à un piège (var. Un renard ne se laisse pas prendre deux fois à un piège)

~ Un âne ne trébuche pas deux fois sur la même pierre

Ko meće prst među tuđa vrata, otkinuće mu (vx.)

Entre l'enclume et le marteau, qui doigt y fourre est tenu veau

Il ne faut pas mettre le doigt entre l'arbre et l'écorce (Qc)

Ko mnogo prijeti, onoga se ne boj → Pas koji laje, ne ujeda

Ko mnogo zna, mnogo i pati
Cf: Istina boli

Heureux les simples d'esprit

Qui ne sait rien, de rien ne doute

Celui qui sait beaucoup, dort peu

Ko na brdu ak' i malo stoji, više vidi no onaj pod brdom

Il vaut mieux être cheval que charrette

Le nain qui est sur l'épaule d'un géant voit plus loin que celui qui le porte

Monte là-dessus et tu verras Montmartre (fam.)

Ko naglo ide, na putu ostaje, ko lakše ide, brže doma dolazi

Cf: Ko polako ide, brže stigne; Požuri polako; Polako, ali sigurno; Ko žurio, vrat slomio

Qui trop se hâte reste en chemin

Qui se hâte trop se fourvoie

Plus on se presse, plus tard on arrive

Plus on se hâte, moins on avance

Ko ne čuva malo, ne može ni dosta imati

Cf: U radiše svega biše, u štediše jošte više

Il n'y a pas de petites économies

Ko ne radi, ne treba da jede

Lat: Qui non laborat, non manducat

Celui qui laboure le champ le mange

Ko ne radi, taj ne griješi

Cf: Griješiti je ljudski; I guska katkad na ledu posrne; I pop u knjizi pogriješi; Na greškama se uči; Niko nije savršen

Il n'y a que celui qui ne fait rien qui ne se trompe pas (var. Il n'y a que ceux qui ne font rien qui ne se trompent pas (ne font pas de bêtises))

Ko ne riskira ne dobija

Cf: Hrabre sreća prati; Kud
puklo da puklo

Qui ne risque rien n'a rien

Qui risque gagne

Qui ne s'aventure perd cheval et
mule

Celui qui ne s'aventure n'a ni
cheval ni voiture

Ko ne zna sebi, ne zna ni drugome → Bog je prvo sebi bradu stvorio

**Ko neće brata za brata, on će
tuđina za gospodara**

Cf: Kad se slože i slabi su jaki;
Složna braća kuću grade

~ Courroux de frères, courroux de
diables d'enfer

**Ko neće moje štene, ne treba ni
mene**

Lat: Qui me amat, amat et canem
meam

Qui m'aime, aime mon chien

Qui aime Bertrand (Martin), aime
son chien

**Ko nema ništa, ne straši se od
ništa**

Lat: Nihil habenti nihil deest;
Nihil habeo, nihil timeo (curo)

Qui n'a rien ne craint rien

Peu de bien, peu de soucis

Ko nema u glavi, ima u nogama

Teško nogama pod ludom
glavom

Cf: Da je pamet do kadije kao od
kadije

Quand on n'a pas de tête, il faut
avoir des jambes (var. Quand on
n'a pas bonne tête, il faut avoir
bonnes jambes; Qui n'a pas de tête
doit avoir des jambes)

**Ko nije grešan neka prvi baci
kamen**

Que celui d'entre vous qui est sans
péché lui jette la première pierre

Ko nije sa mnom, protiv mene je	Qui n'est pas avec moi est contre moi

Ko nožem podire, od noža umire → Ko se mača lati, od mača će i poginuti

Ko o čemu, baba o uštipcima	Homme affamé ne pense qu'à pain
Cf: Gdje koga boli, onde se i pipa	Chanter toujours la même chanson

Ko pita, ne skita	Il n'en coûte rien de demander
Cf: Ko jezika ima pogodi do Rima	

Ko pjeva, zlo ne misli	Qui chante, ses maux épouvante

Ko polagano ide, dalje će otići → Ko polako ide, brže stigne (prije doma dođe)

Ko polako ide, brže stigne (prije doma dođe)	Qui va doucement va sûrement
Ko polagano ide, dalje će otići	Qui va lentement va sûrement; qui va sûrement va loin
Pametan polako ide, a brže dođe	Chi va piano va sano (it.)
Cf: Ko naglo ide, na putu ostaje; ko lakše ide, brže doma dolazi; Ko žurio, vrat slomio; Požuri polako; Polako, ali sigurno	

Ko preživi, pričaće	Live to tell the tale

Ko prije djevojci, njegova je djevojka

Cf: Ko rano rani, dvije sreće grabi

Le premier venu engrène

Qui premier vient au moulin premier doit moudre

Premier arrivé, premier servi

Ko prizna, pola mu se prašta

Faute avouée est à demi (moitié) pardonnée

Défaut reconnu est à moitié pardonné (Qc)

Ko pruža noge izvan bijeljine, ozepšće mu → Ne pružaj se dalje od gubera

Ko rad laže, rad i krade → Ko laže taj i krade

Ko radi ne boji se gladi

L'activité est mère de prospérité

Il faut travailler qui veut manger

Ko rano rani, dvije sreće grabi
Ko rano ustaje nikad se ne kaje

Cf. Ranoranilac i docnolegalac kuću teče; Ustani, lijeni, Bog sreću dijeli

À qui se lève le matin, Dieu aide et prête la main

Paris (le monde, l'avenir) appartient à ceux qui se lèvent tôt

Ko rano ustaje nikad se ne kaje → Ko rano rani, dvije sreće grabi

Ko s nepravdom steče, s vragom rasteče

Cf: Kako došlo, onako i prošlo; Oteto - prokleto

D'où vient l'agneau, là retourne la peau

Ko s vragom tikve sadi, o glavu mu se lupaju

Ko se miješa sa tricama, pojedu ga svinje

Ko sa djecom spava, budi se popišan

Cf: Ko sa psima liježe, pun buha ustane; S kim si, takav si; U kakvo kolo dođeš, onako i igraj

Qui se frotte à l'ail ne peut sentir la giroflee

Près des ânes, on attrape des coups de pieds

Sers-toi d'une longue cuillère pour dîner avec le diable

À manger avec le diable, la fourchette n'est jamais trop longue

Qui sème épines n'aille déchaussé (var. Qui veut aller pieds nus ne doit pas semer des épines)

Ko s vukom druguje mora zavijati

Cf: Ko s vragom tikve sadi, o glavu mu se lupaju; Ko se u kolo hvata, mora i poigrati; S kim si, takav si; U kakvo kolo dođeš, onako i igraj

Il faut hurler avec les loups

Il vaut mieux etre seul qu'en mauvaise compagnie

Qui suit les poules apprend à gratter

Ko sa djecom spava, budi se popišan (hum., fam.) → Ko s vragom tikve sadi, o glavu mu se lupaju

Ko sa psima liježe, pun buha ustane

Cf: Ko s vragom tikve sadi, o glavu mu se lupaju

Qui se couche avec les chiens se lève avec les puces

Qui hante chiens, puces remporte

Ko se bije, taj se voli

Lat: Amantium irae amoris integratis est

Cf: Ljubav je puna i meda i jeda

Querelles d'amants, renouvellement d'amour

Petites querelles et noisettes sont aiguillons d'amourettes

Qui aime bien châtie bien

Ko se boji vrabaca, nek' ne sije proje

Ko se odveć vjetra plaši, nek ne ide na more

Cf: Ako u selu, Turci, ako u polju, vuci

Il ne faut pas aller au bois qui craint les feuilles (var. N'aille au bois qui a peur des feuilles)

Si tu aimes le miel, ne crains pas les abeilles

Il ne faut pas aller à la guerre qui craint les horions

Ko se brzo ženi, polako se kaje

Oženi se na brzinu, kajaćeš se natenane

Cigu migu za tri dana, kuku lele dovijeka

Cf: Ko žurio, vrat slomio; Požuri polako

Qui en hâte se marie, à loisir se repent (var. Qui se marie à la hâte se repent à loisir)

Mariage prompt, regrets longs

Les fiançailles vont en selle et repentailles en croupe

Ko se čuva, i Bog ga čuva

Lat: Praemonitus praemunitis

Cf: Kokoš pije, a na nebo gleda; Što je sigurno, sigurno je

Un homme averti en vaut deux (var. Un bon averti en vaut deux)

Qui dit averti, dit muni

Ko se dima ne nadimi, taj se vatre ne ogrije (on se ognja ne ogrije)

Cf: Ako želiš jezgro, slomi ljusku; Nema raka bez mokrih gaća; Pokraj suha drveta i sirovo izgori; Svaki gušt se plaća

Il faut prendre le bénéfice avec les charges

Qui monte la mule la ferre

Si tu veux du beurre il en faut battre

Ko se drugom za šta ruga, ono će mu na vrat doći → Ko se tuđem zlu veseli, nek' se svome nada

Ko se hvali, sam se kvari

Qui se loue s'emboue

Ko se igra s vatrom mora da se opeče

À jouer avec le feu, on finit par se brûler

Cf: Ko se mača lati, od mača će i poginuti

De trop près se chauffe qui se brûle

Ko se jednom opeče i na hladno puše

Chat échaudé craint l'eau froide (ne revient pas en cuisine)

Koga je zmija ujela i guštera se boji

Chien échaudé craint la cuisine

Žežen kašu hladi

Qui s'est brûlé la langue n'oublie plus de souffler sur sa soupe

Koga su kurjaci tjerali, taj se i zečeva plaši (vx.)

Lat: Tranquillas etiam naufragus horret aquas

Ko se mača lati, od mača će i poginuti

Quiconque se sert de l'épée périra par l'épée

Ko nožem podire, od noža umire

Cf: Ko se igra s vatrom mora da se opeče

Ko se miješa sa tricama, pojedu ga svinje → Ko s vragom tikve sadi, o glavu mu se lupaju

Ko se ne rodi, taj ne pogriješi → Griješiti je ljudski

Ko se odveć vjetra plaši, nek ne ide na more

Qui craint le danger, ne doit pas aller en mer (var. Qui a peur de la mer, reste les pieds sur terre)

Cf: Ko se boji vrabaca, nek' ne sije proje

Ko se ovcom učini, kurjaci ga izjedu (vx.)

Cf: Ne zovu magarca na svadbu da igra, nego da vodu nosi

Qui se fait brebis, le loup le mange

Brebis trop apprivoisée de trop d'agneaux est tétée

Si vous faites le mouton, on vous tondra

Fou est celui qui se fait brebis entre les loups

Ko se rađa i umire

Od smrti se ne otkupi

Lat: Mors et fugacem persequitur virum

Cf: U smrti su svi jednaki

À chacun son tour de mourir

Ko se tuđem zlu veseli, nek' se svome nada

Ko se drugom za šta ruga, ono će mu na vrat doći

Cf: Ko drugom jamu kopa, sam u nju pada

Qui mal veut, mal lui tourne

Le mal retourne à celui qui le fait

Ko se u kolo hvata, mora i poigrati

Ko se u kolo hvata, u noge se uzda

Kad si u kolu, valja da igraš

(Quand) le vin est tiré, il faut le boire (var. Vin versé, il faut le boire)

Qui en jeu entre, jeu consente

Quand on est à l'eau, il faut nager (*Qc*)

~ On n'a pas plutôt dit A qu'il faut dire B

Ko se u kolo hvata, u noge se uzda → Ko se u kolo hvata, mora i poigrati

Ko se za vješala rodio neće potonuti

Qui est destiné à se pendre ne se noie pas

Cf: Čovjek snuje, a Bog odlučuje; Od sudbine ne možeš pobjeći

Ko se zadnji smije, najslađe se smije

Rira bien qui rira le dernier

Ko šta voli, nek' izvoli

Ko zna bolje, široko mu polje!

Cf: Neko hvali popa, neko popadiju

Chacun son goût

Ko što posije, to i požnje → Što posiješ, to ćeš i požnjeti

Ko što traži, naći će

Što tražiš, to i nađeš

Cherchez et vous trouverez (var. Demandez et l'on vous donnera, cherchez et vous trouverez, frappez et l'on vous ouvrira)

Qui cherche, trouve

Qui bien chasse, bien trouve

Ko što umije, sramota mu nije

Cf: Svaki zanat je zlatan

Il n'y a pas de sot métier (il n'y a que de sottes gens)

Ko te šiša (kad nisi iz Niša)

Parle à mon cul, ma tête est malade (*fam.*)

~ La bave du crapaud n'atteint pas la blanche colombe

Cause toujours (tu m'intéresses)

Ko uči, taj i nauči

Niko se nije naučen rodio

Lat: Usus est magister optimus;
Usus te plura docebit

Cf: Ponavljanje je majka znanja

C'est en forgeant qu'on devient
forgeron

Cent fois sur le métier remettez
votre ouvrage

Ko umije, njemu dvije

Lat: Carpe diem

Au bon joueur, la balle lui vient
(var. La balle cherche le joueur;
Au bon joueur la balle)

Qui ne tête ne manque pas de
chapeau

Je prends mon bien où je le trouve

Il faut saisir l'occasion aux
cheveux

Il faut prendre la balle au bond

Manne qui passe, on la ramasse
(*Qc*)

À bon chouleur la pelote lui vient
(*vx.*)

Ko ustraje taj se ne kaje

Cf: Strpljen – spašen

Patience passe science

Au premier son, on ne prend la
caille

Moulin de ça, moulin de là, si l'un
ne meult, l'autre meuldra

Ko visoko leti nisko pada

Cf: Ne diži se na golemo da ne
padneš na koljeno; Srednja sreća
je najbolja

Celui qui monte haut de haut
tombe

Grande montée, grande chute

Bien bas choît qui trop haut monte

Ko više ima, više mu se hoće
Cf: Kome nije na orahu, nije na
tovaru (dosta)

Plus on a, plus on veut avoir

Plus a le diable, plus il veut avoir

Ko više sebe pljuje, na obraz mu pada → Kad čovjek nada se pljune, na obraz će mu pasti

Ko vjetar sije, buru žanje

Qui sème le vent récolte la tempête

Qui sème les chardons récolte des piqures

Ko zna bolje, široko mu polje! → Ko šta voli, nek' izvoli

Ko zna zašto je to dobro?

Cf: Ne daj, Bože, većeg zla; U svakom zlu ima dobra

Tout est pour le mieux dans le meilleur des mondes possibles

Ça vaut mieux que d'attraper la scarlatine

Ko živ, ko mrtav

Cf. Kom' opanci, kom' obojci

Ça passe ou ça casse (*fam.*)

Ko žurio, vrat slomio

Što je brzo, to je i kuso

Lat: Quod cito fit, cito perit

Cf: Ko naglo ide, na putu ostaje; ko lakše ide, brže doma dolazi; Ko polako ide, brže stigne; Polako, ali sigurno; Požuri polako

Vite et bien se trouvent rarement ensemble

Kocka je bačena

Lat: Alea jacta est

Le dé (le sort) en est jeté

Koga je zmija ujela i guštera se boji → Ko se jednom opeče i na hladno puše

Koga nema, bez njega se može   Qui va à la chasse perd sa place

Lat: Natura abhorret vacuum

Cf: Bez jednog čovjeka (Cigana)
može biti vašar

Koga su kurjaci tjerali, taj se i zečeva plaši → Koga je zmija ujela i
guštera se boji

Koja kokoš mnogo kakoće, malo jaja nosi → Ne treba kvocati, nego
jaja nositi

Koja tikva često ide na vodu, razbiće se (vx.) → Lonac ide na vodu
dok se ne razbije

Koje pseto hoće da ubiju,   Qui veut noyer son chien, l'accuse
poviču: bijesno je (vx.)   de la rage

Cf: Kriv što je živ   Qui veut frapper son chien
       facilement trouve un bâton

Koji se hrt silom u lov vodi, onaj zeca ne hvata (vx.) → Ne može
ništa na silu

Koji se kamen često premeće,   Pierre qui roule n'amasse pas
neće mahovinom obrasti (vx.)   mousse

Cf: Mlad delija, star prosjak   Arbre trop souvent transplanté
       rarement fait fruit à planté

Kojoj ovci svoje runo smeta,   C'est un vilain oiseau que celui
ondje nije ni ovce ni runa   qui salit son nid

Kokoš pije, a na nebo gleda

Cf: Ko se čuva, i Bog ga čuva

Prudence est mère de sûreté

Il faut caresser le chien jusqu'au tas de pierres

Il vaut mieux être mûrier qu'amandier

Kola nenamazana škripe

Podmaži kola da ne škripe

Une porte mal graissée chante

Koliko ljudi, toliko ćudi

Lat: Quot homines tot sententiae; Quot capita, tot sensus

Cf: O ukusima se ne raspravlja; Svako je lud na svoj način

Autant de têtes, autant d'avis

Koliko para, toliko muzike

Kakva plaća, takva rađa

Cf: Džaba (Badava) se ni Hristov grob ne čuva; Kakva služba, onakva i plaća; Plati, pa klati

Selon l'argent, la besogne

Si à la poule tu serres le poing, elle te serrera le cul

Koliko sela, toliko adeta

Koliko krajeva, toliko krojeva

Autres pays, autres mœurs

Kolo sreće se okreće

Ide kolo naokolo

Cf. Sve se vraća, sve se plaća; Ko bi gori, sad je doli (a ko doli, gori ustaje)

Il n y a qu'heur et malheur en ce monde

Aise et mal se suivent de près

La roue tourne

Kom' opanci, kom' obojci

Cf: Što mora biti, biće; Kud puklo da puklo

Vogue la galère!

Le dernier, le loup le mange

Komad u tuđoj ruci je svagda veći → U tuđe krave veliko vime

Kome Bog sreće nije dao, onome je kovač ne može skovati → Da padne na leđa, razbio bi nos

Kome je Bog otac, lako mu je biti svetac

Cf: Ni po babu, ni po stričevima

Le fils du juge va sans crainte au tribunal

Kome nije na orahu, nije na tovaru (dosta)

Ko više ima, više mu se hoće

Qui plus a, plus convoite

Plus on en a plus on en veut

Un avare est toujours gueux

Komšija bliži nego brat

Mieux vaut un voisin proche qu'un frère éloigné

Bonne amitié est une seconde parenté

Qui a bon voisin a bon matin

Bon voisin, bon jour

Konac djelo krasi

Lat: Finis coronat opus

La fin couronne l'œuvre (var. La fin couronnera le tout)

Konja s magarcem ne valja porediti

Âne avec cheval n'attèle

Konji se mjere peđu, a ljudi pameću

Cf: Malena je 'tica prepelica, al' umori konja i junaka

Les hommes ne se mesurent pas à l'aune

Košeno striženo → Nije šija nego vrat

Košulja je bliža od kaputa → Košulja je preča od kabanice

Košulja je preča od kabanice
Košulja je bliža od kaputa
Bliža je košulja nego haljina
Lat: Tunica propior pallio est
Cf: Bog je prvo sebi bradu stvorio

La chemise est plus proche que le pourpoint
La peau est plus proche que la chemise

Kriv što je živ
Cf. Koje pseto hoće da ubiju, poviču: bijesno je

Calomniez, calomniez: il en reste toujours quelque chose

Krivac se i sjenke boji → Lopov se sam izdaje

Kroz Banjaluku ne pjevaj, kroz Sarajevo ne kradi, a u Mostaru ne laži (hum.)

Qui fit Breton fit larron

Cf: U šumu drva nosi

Krsti vuka, a vuk u goru → Vuk dlaku mijenja, a ćud nikada (ali ćud nikako)

Kruška pada pod krušku, jabuka pod jabuku → Iver ne pada daleko od klade

Krv nije voda

La voix du sang est la plus forte
(var. La voix du sang parle toujours plus fort)

Kržljava koka uvijek pile → Sitna koka pile dovijeka

Kuća (dom) je tamo gdje je srce   Où le cœur aime, là est le foyer

Kud je voda jednom tekla, opet će poteći → Gdje je potok, biće i potočina

Kud puklo da puklo   Advienne que pourra!
Nek pukne kud pukne
Šta bude da bude
Bilo kako mu drago

Cf: Kom' opanci, kom' obojci; Šta bude, biće; Ko živ, ko mrtav

Kud svi Turci, tud i mali Mujo   L'homme doit vivre selon le pays où il est
Cf: Sa ljudima ni smrt nije strašna; Sve sa svijetom

Kuma nuđena kao i čašćena → Ponuđen k'o počašćen

Kupio mačka u džaku (vreći)   Il a acheté chat en poche

Kurjak ostari, ćudi ne ostavi → Vuk dlaku mijenja, a ćud nikada (ali ćud nikako)

Kus pijevac pile dovijeka → Sitna koka pile dovijeka

Kusaj šta si udrobio

Ako si zamrsio, sam i odmrsi

Ko kakvu pitu želi, onakve jufke
i savija

Cf: Kako prostreš, onako ćeš
ležati; Što posiješ, to ćeš i
požnjeti

Qui casse les verres, les paie

Les casseurs seront les payeurs

Qui fait la faute la boit

Le premier accroc coûte X francs

L

Lako je tuđim rukama za vrelo gvožđe hvatati

Le singe tire les marrons du feu avec la patte du chat (var. Il se sert de la patte du chat pour tirer les marrons due feu)

Lako je govoriti, al' je teško tvoriti

Cf: Od zbora do tvora - ima prostora

Plus facile à dire qu'à faire

Faire et dire sont deux choses

Laž se pređe primi nego istina

L'homme est de glace aux vérités; il est de feu aux mensonges

Lija lija, pa dolija

Cf: Nije ničija do zore gorila; Doće maca na vratanca

Son affaire est faite

Il ne l'emportera pas au (en) paradis

Aujourd'hui trompeur, demain trompé

Lijepa riječ i gvozdena vrata otvara

Cf: Umiljato jagnje dvije majke sisa; Ko pita, ne skita

Plus fait douceur que violence

Douce parole rompt grand'ire

Lijepe riječi ne mijese kolače

Cf: Čovjek ne živi samo od hljeba; Prazne riječi džep ne pune; Hvala je prazna plaća; Ne jedu meso vuci po poruci

Belles paroles ne font pas bouillir la marmite

Lonac ide na vodu dok se ne razbije

Koja tikva često ide na vodu, razbiće se

Tant va la cruche à l'eau qu'à la fin elle se brise

Lopov se sam izdaje

Krivac se i sjenke boji

Qui se sent morveux, se mouche

Qui se sent galeux, se gratte

Lovac je da lovi, prepelica da se čuva

Lat: Sutor, ne supra crepidam

Cf: Svako za se svoju travu pase

(À) chacun son métier, et les vaches seront bien gardées

Chacun travaille à son métier

Lovac, da uvijek ulovi, zvao bi se nosac, a ne lovac

Personne n'a de chance tous les jours

Luda pamet, gotova pogibija

Pošalji luda na vojsku, pa sjedi i plači

Fol s'y fie, musard attend

Donnez assez de corde à un fou et il se pendra

De fol folie, de cuir courroie

Ljepota je prolazna

Il n'est si belle rose qui ne devienne gratte-cul

La feuille tombe à terre, ainsi tombe la beauté

Il n'y a si beau soulier qui ne devient savate (var. Beau soulier vient (devient) laide savate)

La beauté est une fleur éphémère

Il n'est si bon cheval qui ne devienne rosse

Ljeskova je mast čudotvorna (hum.) → Batina je iz raja izašla

Ljubav je lijepa, al'je slijepa

L'affection aveugle la raison

L'amour est aveugle

Ljubav je puna i meda i jeda

Aimer n'est pas sans amer

L'amour fait perdre le repas et le repos

Rage d'amour est pire que le mal de dents

Ljubav na usta ulazi

Le chemin vers le cœur (d'un homme) passe par son estomac

Ljubav nije pura (šala)

On ne badine pas avec l'amour

Ljutu travu na ljutu ranu

Aux grands maux les grands remèdes

M

Magarac u Beč, magarac iz Beča

Magarac u Carigradu, magarac u Caribrodu (vx.)

Odvedi magarca u Stambol - magarac opet magarac (vx.)

Majmun je majmun, ako ćeš ga u kakve haljine oblačiti (vx.)

Begovac je begovac (Carevac je carevac), ako neće imati novac; a magarac je magarac, ako će imati i zlatan pokrovac (vx.)

Lat: Simia simia est, etiamsi aurea gestet insignia

Cf: Vuk dlaku mijenja, a ćud nikada (ali ćud nikako); Martin u Zagreb (Rim), Martin iz Zagreba (Rima)

Un singe vêtu du pourpre est toujours un singe

Magarac u Carigradu, magarac u Caribrodu → Magarac u Beč, magarac iz Beča

Majmun je majmun, ako ćeš ga u kakve haljine oblačiti → Magarac u Beč, magarac iz Beča

Mala djeca mala briga; velika djeca velika briga

Petits enfants, petite peine, grands enfants, grande peine

~ Quand le rossignol a vu ses petits, il ne chante plus

Malen lončić brzo pokipi

Petit pot est bientôt chaud

Malena je 'tica prepelica, al'umori konja i junaka

I dren je malen, ali mu je drvo jako

Cf: U maloj boci se otrov drži

En petit champ croît bon blé

En petite tête gît grand sens

Petit homme abat grand chêne

En petite cheminée fait on bien grand feu

Maleno je zrno biserovo, al' se nosi na gospodskom grlu → U maloj boci se otrov drži

Mantija ne čini kaluđera → Odijelo ne čini čovjeka

Manje jedi, pa kupi (hum.)

Cf: Čuvaj bijele novce za crne dane; U radiše svega biše, u štediše jošte više

Petite cuisine agrandit la maison

Grasse cuisine, maigre testament

Grande chère, petit testament

Épargne de bouche vaut rente de pré

Martin u Zagreb (Rim), Martin iz Zagreba (Rima)

Tikva pošla, tikva došla

Ja tikvu u vodu, a tikva iz vode

Cf: Magarac u Beč, magarac iz Beča; Vuk dlaku mijenja, a ćud nikada (ali ćud nikako)

Qui bête va à Rome, tel en retourne

Jamais cheval ni méchant homme, n'amenda pour aller à Rome

Menez un âne à la Mecque, vous n'en ramènerez jamais qu'un âne

Quand on est bête, c'est pour longtemps

Medna je rječca, srce otrovno → Na jeziku med, a na srcu led

Među ćoravim ko ima jedno oko meću ga za cara (vx.)

Lat: Inter caecos luscus rex

Au royaume des aveugles, les borgnes sont rois

Meso pri kosti, a zemlja pri kršu (valja)

La chair la plus près des os est la plus tendre

Mi o vuku, a vuk na vrata

Quand on parle du loup, on en voit la queue

Quand on parle du loup, il sort du bois

En parlant de la bête, on lui voit la tête (Qc)

En parlant du soleil, on en voit les rayons (Qc)

Milom ili silom

Ako neće moljen, a on će gonjen

Htio - ne htio

Bon gré, mal gré

Mimo svijet, ni ubi' Bože, ni pomozi Bože → Sve sa svijetom

Mlad delija, star prosjak

Jeunesse oiseuse, vieillesse disetteuse

Mlad može, a star mora umrijeti

Smrt ne pazi (ne bira) ni staro ni mlado

Autant meurt veau que vache

La mort, assise à la porte des vieux, guette les jeunes

À toute heure la mort est prête

Mort n'épargne ni petits ni grands

Aussitôt meurent jeunes que vieux

Mlado - ludo → Mladost - ludost

Mladost - ludost
Mlado - ludo

Il faut que jeunesse se passe

Mnogo vike (buke) ni oko čega

Cf: Tresla se gora, rodio se miš

Beaucoup de bruit pour rien

Mnogo zrna gomilu načine → Zrno po zrno pogača, kamen po
kamen palača

Moj nos moj ponos

Cf: Svako lice s nosom lijepo

Jamais grand nez ne gâta un beau
visage (var. Beau visage n'a jamais
eu un vilain nez; Un grand nez ne
gâte jamais un beau visage)

More izvorima počinje → Zrno po zrno pogača, kamen po kamen
palača

**More se prozrijeti more, a
čovječje srce ne more**
Nikome nije napisano na čelu šta
je u njemu

Le cœur d'un homme est un abîme

Mrtva usta ne govore

Un chien mort ne mord pas
Morte la bête, mort le vénin

**Mudra glava, šteta sto je samo
dvije noge nose (a ne četiri, kao
živinče)**

Il comprend vite, mais il faut lui
expliquer longtemps
Quand les andouilles (les cons, les
idiots) voleront, tu seras (il sera)
chef d'escadrille

Muha orala volu na rogu stojeći Elle joue la mouche du coche
I muha je u mlinu bila, pa je
rekla da je i ona mlinarica

Muka i nevolja uče čovjeka → Nevolja svačemu čovjeka nauči

Muha orala volu na rogu stojeći Elle joue la mouche du coche

Na čijim se kolima voziš, onoga konje hvali

Celui louer devons de qui le pain mangeons

Na daru se zubi ne broje → Poklonu se u zube ne gleda

Na greškama se uči

On apprend en faillant

Cf: Griješiti je ljudski; I guska katkad na ledu posrne; I pop u knjizi pogriješi; Ko ne radi, taj ne griješi; Niko nije savršen

Na jedno uho ušlo, na drugo izašlo

Ce qui (r)entre par une oreille, sort par l'autre

Na jeziku med, a na srcu led
Jedno na srcu, drugo na jeziku
Medna je rječca, srce otrovno

Langue (Bouche) de miel, cœur de fiel

Miel sur la bouche, fiel sur le cœur

Lat: Mel in ore, verba lactis, fed in corde, fraus in factus

Na kukovo ljeto → Kad na vrbi rodi grožđe

Na mladima svijet ostaje

Les vieux font place aux jeunes

Na mostu dobio, na ćupriji izgubio

Ce que l'on perd d'un côté, on le récupère de l'autre

Cf: Kolo sreće se okreće

Na muci se poznaju junaci

Au danger on connaît les braves

Ne pada snijeg da pomori svijet, nego da svaka zvjerka svoj trag pokaže

C'est dans les grands dangers qu'on voit un grand courage

Qui est âne et veut être cerf se connaît au saut du fossé

Cf: Prijatelj se u nevolji poznaje (kao zlato u vatri); Strpljen - spašen

L'adversité est l'épreuve du courage

L'or s'épure au feu, l'homme s'éprouve au creuset du malheur

Na nesretnom se kola lome → Da se za zelen bor uhvatim, i on bi se zelen osušio

Na sokolu je malo mesa

Un bon coq n'est jamais gras

Na tuđim leđima lako je breme → Tuđa rana ne boli

Na vrbi svirala

Ce que ne fut jamais ni sera, c'est le nid d'une souris dans l'oreille d'un chat

Cf: Gdje je magla panj izvalila?

Si celà arrive je l'irai dire à Rome

Na vuka vika, a iza vuka lisice vuku

Tel fait la faute qu'un autre boit

Na vuka vika, a lisice meso jedu

Cf: Ni luk jeo, ni luk mirisao

Na vuka vika, a lisice meso jedu → Na vuka vika, a iza vuka lisice vuku

Nada zadnja umire

L'espoir fait vivre

Cf: Čovjek se nada dok je god duše u njemu

Najedanput se hrast ne posiječe → Od jednog udara dub ne pada

Najmilijeg gosta tri je dana dosta → Svakog gosta tri dana dosta

Nakon boja kopljem u trnje

Il est trop tard de fermer l'écurie quand le cheval s'est sauvé

Poslije kiše japundže ne treba (vx.)

Quand notre fille est mariée, nous trouvons trop de gendres

Cf: Dockan, kume, po podne u crkvu; Kasno Marko (Janko) na Kosovo stiže

Naljutio se kmet na selo

Qui coupe son nez dégarnit son visage

Napad je najbolja odbrana

L'attaque est la meilleure défense

Napola je učinio ko je dobro počeo

Heureux commencement est la moitié de l'œuvre

Cf: Ko dobro počne, on je na pola radnje; Dobar početak - lak svršetak

Qui bien engrène bien finit

Chose bien commencée est à demi achevée

Qui bien commence bien avance

À moitié fait qui commence bien

Našla kosa brus → Udario tuk na luk

Našla krpa (vreća) zakrpu

Našla slika priliku

Obradovala se rđa gvožđu

Lat: Arcades ambo; Ejusdem farinae

Cf: Svaka ptica svome jatu leti; Sastalo se zlo i gore da se malo porazgovore

Chaque torchon trouve sa guenille (var. Un torchon trouve toujours sa guenille)

Il n'y a pas de grenouille qui ne trouve son crapaud

Les deux font la paire

À chaque pot son couvercle (var. Chaque pot a son couvercle; Il n'y a si méchant pot qui ne trouve son couvercle)

Il n'est fagot qui ne trouve son lien

Il n'y a pas si vieille marmite (si vieux pot) qui ne trouve son couvercle

Ce sont gens de même farine

Navika je druga priroda

Lat: Consuetudo est altera natura

Cf: Teško žabu u vodu natjerati; Ko gdje nik'o, tu i obik'o; Što dikla (na)vikla to nevjesta ne odviče (vx.)

L'habitude est une seconde nature

Navodi vodu na svoju vodenicu

Chacun tire l'eau à son moulin

Chaque moulin tire l'eau à lui

Ne bi kriv ko prde, već ko ču (fam.) → Jedan, dva, tri, sve što kažeš to si ti

Ne daj, Bože, većeg zla

Ništa nije tako loše da ne može da bude gore

Cf: Ko zna zašto je to dobro?; U svakom zlu ima dobra

Le pire n'est pas toujours sûr

Toujours ne sont diables à l'huis

Ne diraj lava dok spava

Il ne faut pas réveiller le chat qui dort (var. N'éveille point le chat qui dort)

Il fait mal éveiller le chien qui dort

Ne diraj u govno da ne smrdi (fam., vulg.)

Plus on remue la merde, plus elle pue (fam., vulg.)

Plus on remue l'ordure (la boue), plus elle pue (var. Il ne faut pas remuer l'ordure)

Ne diži se na golemo da ne padneš na koljeno (vx.)

Cf: Ko visoko leti, nisko pada

Il ne faut pas péter plus haut qu' on a le cul

L'orgueil précède les chutes

Ne gledaj što pop tvori, nego slušaj što zbori

Fais ce que je dis, ne fais pas ce que je fais

Ne hvali dan prije večeri

Dan se hvali kad veče, a život kad smrt dođe

Cf: Prvo skoči, pa reci: "Hop!"; Siječe ražanj, a zec u šumi; Pravi račun bez krčmara

Tel rit le vendredi qui dimanche pleurera

Attendez à la nuit pour dire que le jour a été beau

Qui rit le matin, le soir pleure

Pour vanter un beau jour, attends sa fin

Le soir montre ce qu'a été le jour

Ne jedu meso vuci po poruci

Cf: Hvala je prazna plaća; Lijepe riječi ne mijese kolače

La beauté ne sale pas la marmite

Ne laje pas radi sela, nego sebe radi

Chacun cherche son propre profit

Cf: Košulja je preča od kabanice; Bog je prvo sebi bradu stvorio

Ne lipši, magarče, do zelene trave → Ne lipši, magarče, dok trava naraste!

Ne lipši, magarče, dok trava naraste!

À attendre l'herbe qui pousse, le bœuf meurt de faim

Ne lipši, magarče, do zelene trave

Avant que l'herbe croisse, le cheval meurt (var. Ne meurs, cheval, herbe te vient)

Lat: Dum gramen crescit, equus in moriendo quiescit

Ne mjeri drugoga svojim aršinom

Ne mesurez pas autrui à votre aune

Ne miješaj žabe i babe

Il ne faut pas mélanger les torchons et les serviettes

Il y a raine et reine

Les comparaisons sont odieuses

Ne može i jare i pare

On ne peut pas être au four et au moulin

Ne možeš imati i ovce i novce

On ne peut pas sonner et aller à la procession

Ne može se spavati i pipune čuvati

On ne peut pas avoir le drap et l'argent

Cf: Ne može se istovremeno duvati i srkati; Ne može se sjediti na dvije stolice

On ne peut pas avoir (réclamer) le beurre et l'argent de beurre

On ne peut pas avoir en même temps femme et bénéfice

On ne peut pas avoir le lard et le cochon

On ne peut avoir la bûchette et le cul chauffé

Ne može ništa na silu

Koji se hrt silom u lov vodi, onaj zeca ne hvata

Cf: Ko hoćc, taj i može; Od dobre volje nema ništa bolje

On ne peut pas faire boire un âne qui n'a pas soif

On a beau mener le bœuf à l'eau s'il n'a pas soif

Ne može od govneta pita (fam, vulg.)

De mauvais grain jamais bon pain

On ne fait pas de rien grasse potée

Ne može se glavom kroz zid → Kad ne može - ne može

Ne može se istovremeno duvati i srkati

Cf: Kad ne može - ne može; Ne može i jare i pare; Ne može se sjediti na dvije stolice

L'on ne peut humer et souffler tout ensemble

Ne može se kriva Drina ramenom ispraviti

Ko će ispraviti krivu Drinu?

Cf: Kad ne može - ne može; Ne može se glavom kroz zid

Bois tordu ne se redresse pas

On ne peut faire de bois tord droite flèche

Ne može se sjediti na dvije stolice

Platno se ne tka na dva razboja

Cf: Ko juri dva zeca odjednom, ne ulovi nijednog; Ne može se spavati i pipune čuvati; Ne može i jare i pare

Nul ne peut servir deux maîtres

Ne može se spavati i pipune čuvati → Ne može i jare i pare

Ne može svanuti prije zore → Sve u svoje vrijeme

Ne možeš imati i ovce i novce → Ne može i jare i pare

Ne možeš se sa rogatim bosti Šut s rogatim ne može	Fou qui s'attaque à plus fort que soi Il faut rendre les armes à saint George Contre le tonnerre ne pète
Ne niči gdje te ne siju Cf: Svakom loncu poklopac; Šta me briga što Mađarska nema more	On ne vous a pas sonné Je (on) ne vous demande pas l'heure qu'il est T'occupe pas du chapeau de la gamine! Occupe-toi de tes fesses (de ton cul) (var. Mêle-toi de tes fesses) (fam.)
Ne ostavljaj za sutra ono što možeš uraditi danas Lat: Ne differas in crastinum Cf: Bolje reci neću, nego sad ću; Posao nije zec, neće pobjeći	Il ne faut pas remettre au lendemain ce qu'on peut faire le jour même (var. Ne remettons (remets, remettez) pas à demain ce qu nous pouvons (tu peux..) faire le jour même) Ne remets jamais à demain ce que tu peux faire aujourd'hui Ce qu'aujourd'hui tu peux faire au lendemain ne diffère S'il faut baiser le cul du chien tant vaut aujourd'hui que demain

Ne pada snijeg da pomori svijet, nego da svaka zvjerka svoj trag pokaže → Na muci se poznaju junaci

Ne padaju iz neba pečene mušmule (ševe)

Pečeni golubi iz neba ne padaju

Gdje je magla panj izvalila?

Cf: Ako je daleko Bagdad, blizu je aršin; Kad bi ovako, kad bi onako...

Il attend que les alouettes lui tombent toutes rôties dans le bec

Ne prodaji bostandžiji bostana → U šumu drva nosi

Ne pružaj se dalje od gubera

Pruži se prema guberu

Ko pruža noge izvan bijeljine, ozepšće mu

Gouverne ta bouche selon ta bourse

Il faut aller selon sa bourse

Selon le bras, la saignée

Ne reci: neka! dok ne vidiš na trpezi

Cf: Prvo skoči, pa reci: "Hop!"; Siječe ražanj, a zec u šumi

Il y a loin de la coupe aux lèvres

De le main à la bouche se perd souvant la soupe

Vin versé n'est pas avalé

Ne stavljaj sva jaja u jednu košaru

Il ne faut pas mettre tous ses œufs dans le même panier

Ne stoji kuća na zemlji, nego na ženi

C'est la femme qui fait ou défait la maison

Ne šije se marama uoči Bajrama

Ne nagoji konja kad baš valja na vojsku ići

Cf: Prase se ne goji (tovi) uoči Božića

Il ne faut pas chanter le magnificat à matines

Ne traži hljeba preko pogače

Cf: Išla bi baba u Rim, ali nema s čim; kupila bi svašta, ali nema za šta; Ko hoće (traži) veće, izgubi ono iz vreće; Kome nije na orahu, nije na tovaru (dosta); Srednja sreća je najbolja

On ne doit pas à gras pourceau le cul oindre

N'est pauvre qui a peu mais qui désire beaucoup

Quand on est bien, il faut s'y tenir

Ne treba kvocati, nego jaja nositi

Koja kokoš mnogo kakoće, malo jaja nosi

Cf: U mnogo zbora malo stvora

Le dire sans faits, à Dieu déplaît

Il est plus facile de dire que de faire

Entre dire et faire, il y a la mer

Ne umije magarac plivati, dokle mu voda do ušiju ne dođe

Cf. Nužda nauči i babu igrati

Il faut marcher quand le diable est aux trousses

Ne valja jarca za baštovana namjestiti (vx.)

Ne confiez pas votre agneau à qui en veut la peau

Il ne faut pas mettre le loup berger

Folle est la brebis qui au loup se confesse

La poule ne doit pas se confesser au renard

Ne valja svakom loncu biti poklopac, ni svakoj čorbi zaprška →
Svakom loncu poklopac

Ne vjeruj Danajcima i kad darove donose

Bojim se Danajaca i kad darove donose

Lat: Timeo Danaos et dona ferentes

Je crains les Grecs, même lorsqu'ils font des cadeaux (des offrandes)

Ne vrijedi ni lule duhana

Ne vrijedi ni pišljiva boba

Cela ne vaut pas un sou (zeste; clou; clou à soufflet (vx.); fifrelin; liard (vx.); pet de lapin; pet d'un âne mort; les quatre fers d'un chien)

Ne vrijedi ni pišljiva boba → Ne vrijedi ni lule duhana

Ne vrijedi plakati nad prolivenim mlijekom

Cf: U nevolji ne treba plakati nego lijeka tražiti

Il ne sert à rien de pleurer sur le lait répandu

Ne zna rakija šta je kadija

Le vin entre et la raison sort

Le jeu et les bouteilles rendent les hommes égaux

Ne zna se ko pije a ko plaća

Cf: Pas s maslom ne bi pojeo

C'est la cour du roi Pétaud

On ne sait qui mord ni qui rue

Ne zna se šta nosi dan a šta noć

Cf: Danas jesmo, sutra nismo (a sutra nas nema)

On ne sait jamais ce que l'avenir nous réserve (var. Nul ne sait ce que lui garde l'avenir)

On ne sait qui mord ni qui rue

Ne zovu magarca na svadbu da igra, nego da vodu nosi

Âne aux noces convié, eau et bois doit y porter

Cf: Ko se ovcom učini, kurjaci ga izjedu

Nebo visoko, a zemlja tvrda → Bog visoko, a car daleko

Nebojšu najprije psi ujedu

Chien hargneux a toujours l'oreille déchirée

À pisser contre le vent, on mouille sa chemise

Il ne sert à rien de montrer les dents lorsqu'on est édenté

Neće grom u koprive

Le laurier n' est pas frappé par la foudre

L'embarras suit la grandeur

Cela n'arrive qu'aux autres

Neće svijet propasti → Nije smak svijeta

Nek pukne kud pukne → Kom' opanci, kom' obojci

Neka svako gleda svoja posla

Que chacun se mêle de ses affaires

Cf: Svako za se svoju travu pase

Neka svako očisti ispred svoje kuće

Que chacun balaie devant sa porte et el rues seront nettes

Neko hvali popa, neko popadiju

Tous les goûts sont dans la nature

Cf: O ukusima se ne raspravlja

Nekom i pluto tone, a nekom i olovo pluta

Au riche homme souvent sa vache vêle, et du pauvre le loup veau emmène

À pauvres gens la pâte gèle au four

Assez gagne qui malheur perd

Nekom rat, nekom brat

~ À la guerre, comme à la guerre

~ Quelle connerie, la guerre!

Nema džabe ni kod (stare) babe (hum., vulg.)

Pas d'argent, pas de Suisse

Cf: Džaba (Badava) se ni Hristov grob ne čuva

Nema odmora dok traje obnova

Il n'y a point de paix (repos) pour les méchants

Nema raka bez mokrih gaća (vx.)

Les alouettes rôties ne se trouvent pas sur les haies

Nul pain sans peine

Cf: Ako želiš jezgro, slomi ljusku; Bez muke nema nauke; Ko se dima ne nadimi, taj se vatre ne ogrije; Preko trnja do zvijezda

Nema ruže bez trnja

Il n'y a pas de roses sans épines

Nema smrti bez sudnjega dana → Jednom se rađa, a jednom umire

Nema vijesti - dobra vijest

Pas de nouvelles, bonnes nouvelles

Neprijatelj nikad ne spava

Ennemi ne dort

Neprijatelj mog neprijatelja je moj prijatelj

Cf: Prijatelj moga prijatelja je moj prijatelj

L'ennemi de mon ennemi est mon ami

Neprijatelja koji bježi ne tjeraj

Il faut faire un pont d'or à l'ennemi qui fuit

Nesložna braća - propala kuća → Složna braća kuću grade

Nesreća nikad ne dolazi sama

Cf: Bježao od kiše, stigao ga grad

Un malheur (un ennui) ne vient jamais seul

Un malheur amène son frère

~ Le malheur n'épargne personne

~ L'abîme apelle l'abîme

Nesta vina, nesta razgovora, nesta blaga, nesta prijatelja

Kad se jede i pije, onda je dosta prijatelja

Cf: Prijatelj se u nevolji poznaje (kao zlato u vatri); Daj ti meni plačidruga, a pjevidruga je lako naći

Ami de table est bien variable

Riche homme ne sait qui lui est ami

La prospérité fait peu d'amis

À bourse pleine, amis nombreux

Nešto je trulo u državi Danskoj

Il y a quelque chose de pourri ...

Nevolja je najveći učitelj → Nevolja svačemu čovjeka nauči

Nevolja svačemu čovjeka nauči
Nevolja je najveći učitelj
Muka i nevolja uče čovjeka
Čovjek je u nevolji dosjetljiv

Lat: Paupertas omnes artes
perdocet, ubi quem attigit

Cf: Nužda nauči i babu igrati

Nécessité est mère d'industrie
De tout s'avise à qui pain faut
L'adversité rend sage

**Nezvanom gostu mjesto iza
vrata**

Cf: Dođoše divlji, istjeraše
pitome; Svakoga gosta tri dana
dosta

L'on ne doit jamais aller à noces
sans y être convié

**Ni drveta bez grane, ni
čovjeka bez mane**

Cf: Niko nije savršen

Si ton ami est borgne, regarde-le
de profil
Pas de poisson sans arête

Ni luk jeo, ni luk mirisao
Ni moj lov, ni moj zec
Ni kriv, ni dužan

Cf. Na vuka vika, a iza vuka
lisice vuku

Ni vu, ni connu (personne n'en
saura rien)
Pas vu, pas pris
Je n'y suis pour rien

Ni kriv, ni dužan → Ni luk jeo, ni luk mirisao

Ni moj lov, ni moj zec → Ni luk jeo, ni luk mirisao

Ni platiša, ni vratiša

Au prêter, ange (Dieu); au rendre,
diable
Ami au prêter, ennemi au rendre

Ni po babu, ni po stričevima (već po pravdi boga istinoga)

Les rois et les juges n'ont point de parent

Ni svi prsti na jednoj ruci nisu isti

Les doigts d'une main ne s'entresemblent pas

Ni voda, ni vino → Niti smrdi, niti miriše

Nigdar ni tak bilo da ni nekak bilo

Coq chante ou non, viendra le jour

Cf: U svakom zlu ima dobra

Nije beg cicija

Il ne faut pas compter avec ses amis

Il n'est chère que de vilain

Beau est qui vient et plus beau qui apporte

Chose bien donnée n'est jamais perdue

Nije blago ni srebro ni zlato, već je blago što je srcu drago

Cf: Ljubav je lijepa, al' je slijepa; O ukusima se ne raspravlja

Ce qui me plaît m'est bon

N'est pas beau ce qui est beau, mais est beau ce qui plaît

Il n'y a point de laides amours

L'objet qu'on aime (Ce qu'on aime) est toujours beau

Nije čiko ostario u sreći ležeći već od zla bježeći → Zid ruši vlaga, a čovjeka briga

Nije đavo nego vrag → Nije šija nego vrat

Nije kome rečeno, nego kome suđeno → Čovjek snuje, a Bog odlučuje (određuje)

Nije ni đavo tako crn kao što ga pišu (kao što ljudi govore) → Đavo nije tako crn kao što izgleda

Nije ničija do zore gorila

Cf: Doće maca na vratanca; LIja lija, pa dolija

Il n'est si grand sur la terre que n'abatte un coup de tonnerre

Nije od Boga već od roda

Cf: Gdje je sova (vrana) izlegla sokola?

Bon sang ne peut mentir

Nije smak svijeta

Neće svijet propasti

Ce n'est pas la fin du monde

Nije svaka muka dovijeka

Cf: I to će proći; Doći će sunce i pred naša vrata

Toujours ne dure orage ni guerre

Nije svaki dan Božić (Bajram)

Nije uvijek mačku sirna nedelja, doći će i veliki post (vx.)

Lat: Non semper crunt Saturnalia

Il (Ce) n'est pas tous les jours fête

Ce n'est pas tous les jours dimanche

Ce n'est pas mardi-gras aujourd'hui!

Tous jours ne sont pas noces

Nije sve u parama

L'argent ne fait pas le bonheur

Contentement passe richesse

Nije šija nego vrat

Nije đavo nego vrag

Košeno striženo

C'est blanc bonnet et bonnet blanc

C'est jus vert et vert jus (vx.)

C'est kif-kif

Nije uvijek mačku sirna nedelja, doći će i veliki post → Nije svaki dan Božić (Bajram)

Nije tvrda vjera u jačega

Gospodskome smijehu i vedru vremenu ne valja vjerovati, jer se začas promijene

Promesse des grands n'est pas héritage

Amour de seigneur n'est pas héritage

Nije zlato sve što sija (nije pećina sve što zija)

Cf: Izgled vara; Odijelo ne čini čovjeka; Mantija ne čini kaludera; Pop se ne bira po bradi, nego po glavi

Tout ce qui brille n'est pas (d') or (var. Tout ce qui brille n'est point or)

Ce n'est pas tout or ce qui reluit, ni farine ce qui blanchit

Nikad ne reci nikad

Il ne faut jurer de rien

Il ne faut jamais (pas) dire: fontaine, je ne boirai pas de ton eau

Nikad nije kasno da se ljubi strasno

Cf: I stara ovca so liže

Chaque âge a ses plaisirs (son esprit et ses mœurs)

Nikad se ne zna

On ne sait jamais

On n'est jamais sûr de rien

On ne sait ni qui meurt ni qui vit

Niko ne može cijelom svijetu kolača namijesiti → Niko se nije rodio da je svijetu ugodio

Niko ne može natkati marama da cijelom svijetu usta poveže
Cf: Psi laju, karavani prolaze

Il n'est secret que de rien dire

Niko nije prorok u svojoj zemlji (kući)
Lat: In patria natus non est propheta vocatus

Nul n'est prophète en son pays
Il n' y a point de héros pour son valet de chambre

Niko nije savršen
Ni drveta bez grane, ni čovjeka bez mane
Lat: Nihil est omnia parte beatum

Personne n'est parfait
Nul n'est parfat en toutes choses
Qui veut un cheval sans défaut doit aller à pied

Niko se nije naučen rodio
Cf: Ko uči, taj i nauči

Nul ne naît appris et instruit

Niko se nije rodio da je svijetu ugodio
Niko ne može cijelom svijetu kolača namijesiti

On ne peut contenter tout le monde et son père
On ne peut complaire à tous
Quand on fait de grandes choses, il est difficile de plaire à tout le monde
Nul n'est de tous aimé ni de tous haï
On ne saurait plaire à tout le monde (à moins d'être un louis d'or)

Nikome nije napisano na čelu šta je u njemu → More se prozrijeti more, a čovječje srce ne more

Nisu svi ljudi isti → U božjoj bašti ima mjesta za svakoga

Ništa nije nemoguće
Cf: Sve je moguće

Rien n'est impossible

Ništa nije novo na svijetu
Ništa novo pod kapom
nebeskom
Lat: Nil novi sub sole

Il y a rien de nouveau sous le soleil

Ništa nije tako loše da ne može da bude gore → Ne daj, Bože, većeg
zla

Ništa novo pod kapom nebeskom → Ništa nije novo na svijetu

**Niti pas kosku glođe, niti je
drugom daje**
Kao pas vrtlarski: ni sam ije, ni
drugom da jesti
Kao pas kad leži na sijenu

Il est comme le chien du jardinier
(il ne mange point de choux et
ne veut pas que les autres en
mangent)

Niti smrdi, niti miriše
Ni voda, ni vino

Ni chair ni poisson
Se demander si c'est du lard ou du
cochon
Mi-figue, mi-raisin
Entre le zist et le zest

**Noću je svaka mačka (krava)
siva**

La nuit, tous les chats sont gris
À la chandelle, la chèvre semble
demoiselle
De nuit, tout blé semble farine

Nova metla lijepo mete → Novo sito samo sije

Novac ne smrdi

Pare ne smrde

Lat: Pecunia non olet

L'argent n'a pas d'odeur

Novo sito o klinu visi

Lat: Grata rerum novitas

Tout nouveau, tout beau

Novo sito samo sije

Nova metla lijepo mete

Il n'est ferveur que de novice

Il n'est rien tel que le balai neuf

Novo vrijeme, novi običaji → Drugo vrijeme, drugi običaji

Nužda nauči i babu igrati

Za nevolju i medvjed nauči igrati

Cf. Ne umije magarac plivati,
dokle mu voda do ušiju ne dođe;
Nevolja svačemu čovjeka nauči

Besoin fait vieille trotter (var.
Besoin fait vieille trotter et
l'endormi réveiller)

Le besoin apprend à l'homme

Nužda zakon mijenja

Nécessité n'a point de loi

Njegova bolest drugoga zdravlje Le pauvre accepterait bien le rhumatisme du riche

Cf: Dok jednom ne smrkne, drugom ne svane

O Đurinu petku → Kad na vrbi rodi grožđe

O mrtvima sve najbolje

Lat: De mortuis aut bene aut nihil; De mortuis nil nisi bonum

Il ne faut pas dire du mal des morts

Au mort et à l'absent injure ni tourment

O tom, potom

Chaque chose en son temps

O ukusima se ne raspravlja

Lat: De gustibus et coloribus non est disputandum

Cf: Neko hvali popa, neko popadiju

Des goûts et des couleurs, on ne discute pas

Il ne faut pas disputer les goûts

Obećanje je kao dužnost → Obećanje - sveto dugovanje

Obećanje - ludom radovanje

Cf: Od zbora do tvora - ima prostora; Obećanje - sveto dugovanje

Promettre et tenir son deux

Entre promesse et l'effet y a grand trait

Il se ruine à promettre et s'acquitte (s'enrichit) à ne rien tenir

Demain on rase (on rasera) gratis

Ah, le bon billet qu'a Le Châtre! (vx.)

Autant en emporte le vent

Obećanje - sveto dugovanje

Obećato kao dato

Obećanje je kao dužnost

Što rek'o ne porek'o

Cf: Carska se ne poriče; Čovjek se veže za jezik, a vo za rogove

Chose promise, chose due

Quand les mots sont dits, l'eau bénite est faite

Obećato kao dato → Obećanje - sveto dugovanje

Oči su ogledalo duše

Lat: Ut imago est animi voltus sic indices oculi; Voltus (Oculus) est index animi

Les yeux sont le miroir de l'âme

Očima se ljubav kuje

Oko je prvi u ljubavi poklisar

L'œil est le conducteur de l'amour

L'amour naît du regard

Očima više valja vjerovati nego ušima → Što čuješ, ne vjeruj; što vidiš, to vjeruj

Od crknuta konja i potkova je korist → Kad kuća gori, barem da se čovjek ogrije

Od djece ljudi bivaju

Od plašljiva ždrijebeta mnogo
puta dobar konj izađe

Cf: Od pruta biva veliko drvo; Od
plašljiva ždrijebeta mnogo puta
dobar konj izađe

Enfants devient gens

Petit poisson deviendra grand

**Od dobre volje nema ništa
bolje**

Cf: Ko hoće, taj i može; Ne može
ništa na silu; Što se mora nije
teško

Plus fait celui qui veut que celui
qui peut

Besogne qui plaît est à demi faite

Od drveća ne vidi šumu

Les arbres cachent la forêt

Les maisons empaîchent de voir la
ville

Od dva zla izaberi manje

Lat: Minima de malis

De (Entre) deux maux, il faut
choisir le moindre (var. De deux
maux prend-on le plus petit)

~ Il vaut mieux pain sans nappe
que nappe sans pain

Od dvije smrti niko ne gine → Jednom se rađa, a jednom umire

Od inata nema goreg zanata

Inat je zao zanat
Inat babi dušu gubi

Cf: Pametniji popušta

Orgueil n'a pas bon œil

L'orgueil est un mauvais
conseiller

Od jednog udara dub ne pada

Najedanput se hrast ne posiječe

Cf: Strpljen-spašen

Rome ne s'est pas faite en un jour

Paris ne s'est pas fait en un jour

L'arbre ne tombe pas du promier coup

Od junačke glave sreća nije daleko → Hrabre sreća prati

Od ljubavi se ne živi

On ne vit pas d'amour et d'eau fraîche

Od male iskre velika vatra

Iskra užeže veliku vatru

Petite étincelle engendre grand feu

Petites causes, grands effets (À petite cause, grands effets)

Petite négligence accouche d'un grand mal

Petite pluie abat grand vent

Od oca sermiju, a od Boga ženu (vx.)

Cf: Nije kome rečeno, nego kome suđeno

Les mariages sont écrits dans le ciel

Od plašljiva ždrijebeta mnogo puta dobar konj izađe

Cf: Od djece ljudi bivaju

Méchant poulain peut devenir bon cheval

Od pruta biva veliko drvo

Cf: Od djece ljudi bivaju

D'un petit gland sourd naît un grand chêne

Od riječi do čina - trista aršina → Od zbora do tvora - ima prostora

Od smrti se ne otkupi

Contre la mort, point de remède
(var. Contre la mort il n'y a point
de médecine)

Od sudbine ne možeš pobjeći

On ne peut aller contre son étoile

Lat: Fata viam invenient

Cf: Čovjek snuje, a Bog odlučuje;
Ko se za vješala rodio neće
potonuti; Od suđenja se ne može
uteći

Od suđenja se ne može uteći

La punition boite, mais elle arrive

Bog je spor, ali je dostižan

Tant prend le larron qu'on le
prend

Pravda je spora, ali dostižna

Bog nikom dužan ne ostaje

Od tuđega tuga bije → S vragom došlo, s vragom i otišlo

Od viška glava ne boli

Abondance de biens ne nuit pas

Lat: Quod abondat non vitiat

Trop n'est pas assez

Cf: Što više, to bolje

Rien n'a qui assez a

**Od zbora do tvora - ima
prostora**

Grand prometteur, petit donneur

Od riječi do čina - trista aršina

Lat: Inter verba et actus magnus
quidam mons est

Cf: Obećanje - ludom radovanje;
Lako je govoriti, al'je teško
tvoriti

Od zla oca, još od gore majke (ne mogu ni djeca biti valjana) →
Gdje je sova (vrana) izlegla sokola?

Od znanja glava ne boli → Bolje je pametna glava nego dolina para

Odijelo ne čini čovjeka

Mantija ne čini kaluđera

Cf: Izgled vara; Nije zlato sve što sija

L' habit ne fait pas le moine

On ne connaît pas les gens aux robes, ni les chiens au poil

Odvedi magarca u Stambol - magarac opet magarac → Martin u Zagreb (Rim), Martin iz Zagreba (Rima)

Oko je prvi u ljubavi poklisar → Očima se ljubav kuje

Oko za oko, zub za zub

Lat: Oculum pro oculo, et dentem pro dente

Cf: Pamti pa vrati

Œil pour œil dent pour dent

Okrnjen sud mnogo stoji (vx.) → Žuti žutuju, a crveni putuju

Opet Jovo nanovo

C'est reparti comme en quatorze (pour un tour) (fam.)

On prend les mêmes (et on recommence)

Orao ne lovi muhe

L'aigle ne chasse pas les mouches

Ostario, a pameti ne stekao → Sjedine u glavu, a pamet u stranu

Osveta je jelo koje se poslužuje hladno

La vengeance est un plat qui se mange froid

Oteto - prokleto

Bien mal acquis ne profit jamais

Bolje je nemati nego otimati

De bien mal acquis courte joie

Cf: Kako došlo, onako i prošlo;
Ko s nepravdom steče, s vragom
rasteče; S vragom došlo, s vragom
i otišlo

Otkako je gavran pocrnio → Za Kulina bana i dobrijeh dana

Otkako je svijeta i vijeka

Depuis que le monde est monde

Cf: Za Kulina bana i dobrijeh
dana

Ovca bleji, zalogaj gubi

Brebis qui bêle perd sa goulée

Oženi se na brzinu, kajaćeš se natenane → Ko se brzo ženi, polako
se kaje

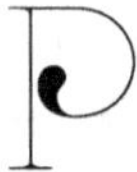

Pacovi prvi napuštaju brod

Les rats quittent le navire

Quand le navire est près de sombrer, tous les rats le désertent

Pametan polako ide, a brže dođe → Ko polako ide, brže stigne (prije doma dođe)

Pametan se uči na tuđim greškama, budala na svojim

Le sage tire profit des erreurs des autres, le sot des siennes

Cf: Blago onom ko se tuđom štetom opameti, a teško onom koji svojom mora

Pametniji popušta

Le plus sage cède

Lat: Cedere majori virtutis fama secunda est

Le sage change d'avis et le sot s'entête

Cf: Bolje je mršav mir nego debeo proces (debela parnica); Od inata nema goreg zanata

Il vaut mieux plier que rompre

Pametnome dosta

Lat: Verbum sapienti sat est

À bon entendeur, salut!

À bon entendeur il ne faut que demi mot (qu'une parole, qu'un mot)

Pamti pa vrati

Cf: Oko za oko, zub za zub; Ti meni, ja tebi

À beau jeu, beau retour

À charge de revanche

Papir sve trpi

Lat: Epistula non erubescit

Le papier souffre tout et ne rougit de rien

Para dinar čuva

Cf: Gdje je potok, biće i potočina; U radiše svega biše, u štediše jošte više; Zrno po zrno pogača, kamen po kamen palača

Un sou amène un autre

Para na paru ide

Cf: Gdje je potok, biće i potočina

L'argent appelle l'argent

L'argent va à l'argent

Les écus s'aiment et s'attirent

La pierre tombe toujours sur le tas

Qui chapon mange, chapon lui vient

Qui mange chapons, perdrix lui vient

Il ne pleut que sur la vendange

Au riche homme souvent sa vache vêle, et du pauvre le loup veau emmène

Para vrti gdje burgija neće
Pare od mrtvoga živa čine

Cf: Zlatan ključić i željezna vrata
otvara

L'argent fait tout

Argent fait rage, amour, mariage

Marteau d'argent ouvre porte de
fer

Amour peut moult, argent peut
tout (var. Amour fait moult mais
argent fait tout)

Il n'ya rien de plus éloquent que
l'argent comptant

Qui a de l'argent a des pirouettes

Pare kvare ljude

Pouvoir corrompt

Pare ne rastu na drvetu

L'argent ne pousse pas dans les
arbres

Pare ne smrde → Novac ne smrdi

Pare od mrtvoga živa čine → Para vrti gdje burgija neće

Pare su da se troše

L'argent est rond pour rouler;
l'argent est plat pour s'entasser

Cela ne sert à rien de devenir
un jour l'homme le plus riche du
cimetière

Parola "snađi se"

~ A mauvais jeu, bonne mine

Pas bio, pasji i prošao
Pasji živio, pasji i umro

Lat: Qualis vita, et mors ita

De mauvaise vie mauvaise fin

Telle vie, telle fin

Pas koji laje, ne ujeda

Ko mnogo prijeti, onoga se ne boj

Cf: Kad najviše grmi, najmanje kiše pada

Chien qui aboie ne mord pas (var. Chien qui aboie ne veut mordre)

Pas laje, vjetar nosi → Psi laju, karavani prolaze

Pas s maslom ne bi pojeo

Cf: Ne zna se ko pije a ko plaća

Une chienne (une chatte, une truie) n'y retrouverait pas ses petits

Une poule n'y trouverait pas ses poussins

Pasji živio, pasji i umro → Pas bio, pasji i prošao

Pečeni golubi iz neba ne padaju → Ne padaju iz neba pečene mušmule (ševe)

Piši propalo

Adieu paniers, les vendanges sont faites

Adieu Berthe, adieu la valise

Pitajući u Carigrad (može se otići) (vx.) → Ko jezika ima, pogodi do Rima

Pjanca i dijete Bog čuva

Cf: Djeca, budale i pijani istinu govore

Il y a un dieu pour les ivrognes

Dieu aide à trois sortes de personnes: aux fous, aux enfants et aux ivrognes

Plači, manje ćeš pišati (fam.)

Pleure, tu pisseras moins (fam.)

Plati, pa klati

La bourse ouvre la bouche

Cf: Koliko para, toliko muzike

Platno se ne tka na dva razboja → Ne može se sjediti na dvije stolice

Po glasu ptica, a po šapama se lav poznaje

On reconnaît le lion à la griffe
À l'ongle on connaît le lion

Cf. Poznaje se ptica po perju

Pod janjećom kožom mnogo puta vuk leži (često se vuk krije) (vx.)

Sous la peau d'un agneau souvent se cache un loup

Podmaži kola da ne škripe → Kola nenamazana škripe

Podsmijevao se kotao loncu

La marmite dit au chaudron: "Tu as le derrière noir"

Cf: Smijala se kuka krivom drvetu

Pođi za stara, pođi za cara; pođi za mlada, pođi za vraga

Mariage (plus) vieux, mariage heureux

Poklonu se u zube ne gleda

À cheval donné on ne regarde pas la bouche (la bride, les dents)

Poklonjenom konju se u zube ne gleda

Na daru se zubi ne broje

Lat: Si quis dat mannos, ne quere in dentibus annos

Poklonjenom konju se u zube ne gleda → Poklonu se u zube ne gleda

Pokraj furune sjedeći ništa se ne dobija → U ležećih prazna kuća

Pokraj suha drveta i sirovo izgori	On ne fait pas d'omelette sans casser des œufs

Polako, ali sigurno

Lentement, mais sûrement

Cf: Požuri polako; Ko polako ide, brže stigne; Ko žurio, vrat slomio; Ko naglo ide, na putu ostaje (...)

Pomozi sam sebi, pa će ti Bog pomoći

Aide-toi, le ciel (Dieu) t'aidera

Bogu se moli, ali k brijegu grebi

Cf: Uzdaj se u se i u svoje kljuse; Tuđa ruka svrab ne češe

Ponavljanje je majka znanja

La répétition est la mère de l'apprentissage (de la science)

Lat: Repetitio mater studiorum est

Cf: Ko uči, taj i nauči; Iskustvo je najbolji učitelj (u životu)

Pop se ne bira po bradi, nego po glavi

La barbe ne fait pas le philosophe

Lat: Barba non facit philosophum

Cf: Sjedine u glavu, a pamet u stranu; Brada narasla, a pameti ne donijela

Posao nije zec, neće pobjeći Il n'y a pas péril en la demeure

Ako ima posla, ima i dana ~Il est urgent d'attendre

Ako je kratak dan, duga je godina Il faut attendre à cueillir la poire qu'elle soit mûre

Cf: Bolje reci neću nego sad ću; Ima dana za megdana; Ne ostavljaj za sutra ono što možeš uraditi danas

Poslije kiše japundže ne treba → Nakon boja kopljem u trnje

Poslije kiše sunce sija Après la pluie, le beau temps

Iza zime toplo, iza kiše sunce (biva)

Iza zla vremena nema šta no ljepota

Cf: Doći će sunce i pred naša vrata; Nije svaka muka dovijeka; Kolo sreće se okreće

Poslije nas potop Après nous (moi), le dèluge

Pošalji luda na vojsku, pa sjedi i plači → Luda pamet, gotova pogibija

Pošteno ime ne gine Tout passera, sauf le bien que tu as fait

Poštenjak - vjekovnjak

Cf: Čini dobro, pa i u vodu baci

Poštenjak - vjekovnjak → Pošteno ime ne gine

Pošto kupio, po to i prodao

Cf: Ni luk jeo, ni luk mirisao

Ne tirez pas sur le pianiste

Je n'y prends, ni n'y mets

Pošto se izljeze na mejdan, nije vrijeme oštriti sablju (vx.) →
Prase se ne goji (tovi) uoči Božića

Potajni ugalj najgore ožeže → Ispod (male) mire sto (devet) đavola
vire

Poznaje se ptica po perju

Lat: Ex ungue leonem

Cf: Odijelo ne čini čovjeka; Po
glasu ptica, a po šapama se lav
poznaje

Au chant on connaît l'oiseau

Juge l'oiseau à la plume et au
chant et au parler l'homme bon ou
méchant

Požuri polako

Lat: Festina lente

Cf: Polako, ali sigurno; Ko polako
ide, brže stigne; Ko žurio, vrat
slomio; Ko naglo ide, na putu
ostaje; ko lakše ide, brže doma
dolazi

Hâte-toi lentement

Dans tout ce que tu fais hâte-toi
lentement

Souvent de sagesse vient lenteur

**Prase se ne goji (tovi) uoči
Božića**

Pošto se izljeze na mejdan, nije
vrijeme oštriti sablju (vx.)

Il ne faut pas se faire poissonner
la veille de Pâques

On n'attend pas le jour de marché
pour engraisser sa poule

Un chien ne s'élève pas le jour de
la chasse

Prase sito prevrne korito

Kad se prase naije, ono korito
prevali

Il y met quatre doigts et le pouce

Pravda je slijepa

La justice est aveugle

Pravda je spora, ali dostižna → Od suđenja se ne može uteći

Pravi račun bez krčmara

Qui compte sans son hôte, il compte deux fois

Il ne faut pas vendre la peau de l'ours avant de l'avoir tué

Pravila su tu da se krše

Les règles sont faites pour être transgressées

Prazan klas se uvis diže, a pun ka zemlji savija → Prazno bure više zveči

Prazna hvala neće u torbu → Prazne riječi džep ne pune

Prazna tikva na vjetru svira → Prazno bure više zveči

Prazna vreća ne može uzgor stajati (vx.)

Sac vide ne tient pas debout

Prazne riječi džep ne pune
Prazna hvala neće u torbu

Cf: Lijepe riječi ne mijese kolače

Je vis de bonne soupe et non de beau language

Prazno bure više zveči
Prazna tikva na vjetru svira
Prazan klas se uvis diže, a pun ka zemlji savija

Cf: U mnogo zbora malo stvora

Les tonneaux vident sont ceux qui font le plus de bruit

La plus mauvaise roue du char fait toujours le plus grand bruit

Preči put kola lomi → Preko preče, naokolo bliže

Preko preče, naokolo bliže Preči put kola lomi	Le chemin le plus long est quelquefois le plus court
Prema svecu i tropar Kakav gost, onakva mu čast Kakav je koji čovjek, onako s njim postupaj	À chaque saint sa chandelle Comme on connaît ses saints on les honore Selon le saint, l'encens Haïssez un chien, dites que ses dents sont blanches
Prešao s konja na magarca	Il ne faut pas changer un cheval borgne contre un aveugle (var. Il a troqué son cheval borgne pour an aveugle)
Prigoda čini lupeža Lat: Occasio facit furem	L'occasion fait le larron

Prijatelj je najbolja imovina u životu → Gdje su prijatelji, tu je i bogatstvo

Prijatelj moga prijatelja je moj prijatelj Cf: Neprijatelj mog neprijatelja je moj prijatelj	Les amis de nos amis sont nos amis ~ Les ennemis de nos ennemis sont nos amis

Prijatelj se u nevolji poznaje (kao zlato u vatri)

Zlato se u vatri probira, a čovjek u nevolji

Cf: Na muci se poznaju junaci; Dok čovjek s čovjekom vreću brašna ne izije, ne može ga poznati

Au besoin on connaît l'ami (ver. Au besoin l'ami; Au besoin voit-on son ami)

L'adversité est la pierre de touche de l'amitié

C'est dans le malheur qu'on reconnaît ses amis

On connaît les bonnes sources dans la sécheresse, et les bons amis dans l'adversité

Probirač nađe otirač
Cf: Daj šta daš

Qui veut choisir, souvant prend le pire

Dites toujours nenni, vous ne serez jamais marié

~ Tel refuse qui après muse

Prošao voz
Prošla baba s kolačima
Cf: Kasno Marko na Kosovo stiže

La messe est dite
Les carottes sont cuites

Prošla baba s kolačima → Prošao voz

Pruži se prema guberu → Ne pružaj se dalje od gubera

Prva ljubav zaborava nema

On revient toujours à ses premières amours

Vieilles amours et vieux tisons s'allument en toutes saisons

Des soupes et des amours les premières sont les meilleures

Prvi korak je najteži

Lat: Omne initium difficile (est)

Cf: Svaki početak je težak

Il n'y a que le premier pas qui coûte

Il n'y a que la première pinte de chère

Prvi se mačići u vodu bacaju

Cf: Prvi korak je najteži

On ne réussit pas toujours du premier coup

On n'abat pas un chêne au premier coup

Prvo skoči, pa reci: "Hop!"

Cf: Ne hvali dan prije večeri; Siječe ražanj, a zec u šumi; Ispeci pa reci

Regardez à deux fois avant de sauter

Ne loue pas le gué avant de l'avoir passé

Il ne faut pas chanter le triomphe avant la victoire

Psi laju, karavani prolaze

Pas laje, vjetar nosi

Cf: Niko ne može natkati marama da cijelom svijetu usta poveže

Les chiens aboient (Le chien aboie), la caravane passe

Puno ljudi – gotov junak → Jedan k'o nijedan

Puno je grad za dinar, kad dinara nema

~ Il lui manque toujours dix-neuf sous pour faire un franc

~ Faute d'argent, c'est douleur non pareille

Puno će vode proteći

Il passera bien de l'eau sous le pont

Puno ljudi - gotov junak → Dva loša ubiše Miloša

Putuj ti, oče igumane, i ne brini se za manastir

Pour un moine l'abbaye ne chôme pas (ne se perd pas, ne faut pas, ne manque pas)

Ralo i motika svijet hrane → U ratara crne ruke, a bijela pogača

Ranoranilac i docnolegalac kuću teče (vx.)

Cf: Ko rano rani, dvije sreće grabi

Qui se lève tard trouve sa soupe froide

Le renard qui dort la matinée n'a pas la gueule (langue) emplumée

Reci bobu bob, a popu pop

appeler un chat un chat

appeler les choses par leur nom

Rečeno - učinjeno

Lat: Dictum factum

Sitôt dit, sitôt fait

Aussitôt dit, aussitôt fait

Aussitôt dit que fait

C'est comme si c'etait fait

Rep glavi ne zapovijeda → Gdje bi jaje kokoš učilo?

Riba s glave smrdi

Le poisson commence à sentir (pourrir) par la tête (var. C'est par la tête que le poisson commence à sentir)

Ribu uči plivati

Lat: Piscem natare doces

Cf: Gdje bi jaje kokoš učilo?

Au poisson à nager ne montre

Riječ iz usta, a kamen iz ruke

Što pređe preko devet zuba, ode preko devet brda

Lat: Nescit vox missa reverti

Cf: Šutnja je zlato; Bolje se pokliznuti nogom nego jezikom

Méchante parole jetée va partout à sa volée

Ruka ruku mije (a obraz obadvije)

Lat: Manus manum lavat

Cf: Ti meni, ja tebi; Svi za jednog, jedan za sve

Un barbier rase l'autre
Une main lave l'autre

Ruku koju ne možeš posjeći, valja je ljubiti

~ Il faut caresser le chien jusqu'au tas de pierres

S

S kim si, takav si

Cf: Kaži mi s kim si da znam ko si; Ko s vragom tikve sadi o glavu mu se lupaju; U kakvo kolo dođeš, onako i igraj

Dis-moi qui tu hantes, je te dirai qui tu es

Entre tels, tel deviendra

S vragom došlo, s vragom i otišlo

Od tuđega tuga bije

Lat: Male parta, male dilabuntur

Cf: Oteto - prokleto

Ce qui vient du diable retourne au diable

Sa ljudima ni smrt nije strašna

Cf: Kud svi Turci, tud i mali Mujo; Sve sa svijetom

Chagrin partagé est moins lourd à porter

Malheur partagé n'est malheur qu'à demi

Sabur – selamet → Strpljen - spašen

Saburom je dženet pokriven → Strpljen - spašen

Sačuvaj me, Bože, njihove dobrote → Sačuvaj me, Bože, od prijatelja, a od neprijatelja čuvaću se sam

Sačuvaj me, Bože, od prijatelja, a od neprijatelja čuvaću se sam	Dieu me garde de mes amis! Je me garderai de mes ennemis
Sačuvaj me, Bože, njihove dobrote	On choisit ses amis, on subit sa famille
Cf: Čuvaj ti mene od svoga, a od tuđega ću se ja sam (čuvati)	Il n'est pire ennemi que ses proches
	Dieu me garde de mes amis, quant aux ennemis, je m'en charge
Sad ili nikad	C'est le moment ou jamais
Cf: Gvožđe se kuje dok je vruće	Demain il sera trop tard
Samo budala ne mijenja mišljenje	Il n'y a que les fous qui ne changent pas d'avis
(Samo) jednom se živi	On ne vit qu'une fois
Cf: Jednom se rađa, a jednom umire	
Samo preko mene mrtvog	Plutôt mourir
Sastalo se zlo i gore da se malo porazgovore	Il n'est (nul) si méchant qui ne trouve sa méchante
Selo gori, a baba se češlja	Honte à qui peut chanter pendant que Rome brûle

Siječe ražanj, a zec u šumi

Cf: Ne hvali dan prije večeri;
Pravi račun bez krčmara; Prvo
skoči, pa reci: "Hop!"

Lièvre qui court n'est pas mort

Il ne faut pas mettre la lièvre en
sauce avant de l'avoir attrapée

Ne marchande la peau de l'ours
devant que la bête soit prise et
morte

C'est la viande mal prête que le
lièvre en buisson

Sila boga ne moli

Čija sila, onoga i pravda

Čija sila, toga je i sud

Cf: Ko je jači, taj i tlači; Kadija te
tuži, kadija ti sudi

Qui a la lance au poing, tout lui
vient à point

La force prime le droit

Force passe droit

Siromaštvo i kašalj ne mogu se sakriti → Kašalj, šuga i ašikovanje
ne može se sakriti

Sirotinja nema srodstva

Cf: Sirotinjo, i bogu si teška!

Pauvres gens n'ont guère d'amis
(var. Pauvre homme n'a point
d'amis)

Le pauvre est odieux même à son
ami

Qui n'a point d'argent n'a point
d'ami

Sirotinja nije grijeh

Uboštvo nije sramota

Pauvreté n'est pas vice (var,
Pauvreté n'est pas vice, mais c'est
une espèce de ladrerie, chacun la
fuit)

Sirotinjo, i bogu si teška!

Cf: Sirotinja nema srodstva

Où il y a un écu, il y a un diable;
où il n'y en a pas, il y en a deux

Toujours la misère tombe sur le
pauvres

Sit gladnom ne vjeruje

Zdrav bolesnom ne vjeruje

Le gras ne sait pas de quoi vit le maigre

Sitna koka pile dovijeka

Kržljava koka uvijek pile

Kus pijevac pile dovijeka

Petite belette reste toujours jeunette

Sjaši Kurta da uzjaši Murta

Plus ça change, plus c'est la même chose

Tel roi, telle loi

Sjedine u glavu, a pamet u stranu

Ostario, a pameti ne stekao

Cf: Brada narasla, a pameti ne donijela

Les vieux fous sont plus fous que les jeunes

Plus on est vieux, plus on est bête

Celui qui a l'âge doit être sage (suisse)

Sjetila se prelja kudelje uoči nedelje

Cf: Ne šije se marama uoči Bajrama; Prase se ne goji (tovi) uoči Božića

Ce n'est pas tout de courir, il faut partir à point

Skuplja dara nego maslo

Le jeu ne vaut pas la chandelle

Slađa smokva preko plota

Cf: Zabranjeno voće je najslađe; U tuđe krave veliko vime

L'herbe est toujours plus verte chez le voisin

Slijepca za put i budalu za savjet ne treba pitati

Ce n'est pas aux aveugles à juger les couleurs

Ne fais pas d'un fol ton messager

Složna braća kuću grade

L'union fait la force

Složna braća nove dvore grade, a nesložna stare razgrađuju

Nesložna braća - propala kuća

Kad se slože i slabi su jaki

Teško domu u kom sloge nema

Jače selo od medvjeda

Lat: Concordia parvae res crescunt, discordia maximae dilabuntur

Cf: Dva loša ubiše Miloša

Složna braća nove dvore grade, a nesložna stare razgrađuju → Složna braća kuću grade

Smijala se kuka krivom drvetu

C'est l'hôpital qui se moque de la Charité

Podsmijevao se kotao loncu

La pelle se moque du fourgon

Cf: U tuđem oku vidi slamku, a u svome grede ne vidi

Smijeh je zdravlje

Le rire, c'est bon pour la santé

Cf: Bježi, rđo, eto meda!

Smrt ne pazi (ne bira) ni staro ni mlado → Mlad može, a star mora umrijeti

Snaga na usta ulazi

Une armée marche sur son estomac

La soupe fait le soldat

Sova nikad ne rodi sokola → Gdje je sova (vrana) izlegla sokola?

Spasavaj se ko može

Sauve qui peut

Spolja gladac, iznutra jadac

Habit de velours, ventre de son

Belle chère et cœur arrière

Grand venteur petit faiseur

De grands vanteurs petits faiseurs

Belle pochette et rien dedans

Srditu popu prazne bisage

Qui se fâche a tort

La colère est mauvaise conseillère

Srednja sreća je najbolja

Lat: In medio stat virtus

Cf. Ne traži hljeba preko pogače

Bonheur gît en médiocrité, ne veut ni maître ni valet

Il faut de la mesure en toutes choses (var. En toutes choses a mesure)

Trop et trop peu n'est pas mesure

L'excès en tout est un défaut

Rien de trop

Vertu gît au milieu

Le milieu est le meilleur

Stalo (nekome do nečega) kao do lanjskog snijega → Sve ravno do Kosova (do mora)

Star se konj ne uči igrati

On n' apprend pas à un vieux singe à faire la grimace (var. Ce n'est pas à un vieux singe qu'on apprend à faire la grimace)

Stara koka, dobra supa

Cf: Kad stari pas laje, valja vidjet šta je

C'est dans les vieux pots qu' on fait les bonnes soupes (var. Dans les vieux pots les bonnes soupes)

Vieille viande fait bonne soupe

(FEMME): Un vieux four est plus aisé à chauffer qu'un neuf

Stara lisica u gvožđe ne upada

Bon renard ne se prend pas deux fois au même piège

Trop vieux poisson ne mord pas à l'appât

On ne prend pas les vieux moineaux avec de la paille

On ne prend pas les vieux merles à la pipée

Stari trik, nova budala

Il est plus de trompeurs que de trompettes

La cloche du sot est vite sonnée

Starije je jutro od večera → Jutro je pametnije (mudrije) od večeri

Staro se drvo ne savija → Drvo se savija dok je mlado

Starog vina i stara prijatelja drži se → Više vrijedi jedan stari prijatelj nego nova dva

Starost je bolest od koje se umire

On ne s'amende pas de vieiilir

Fou est celui qui pense tojours vivre

À vieux corps, point de remède

Starost je teška

La vieillesse est un pesant fardeau

Cf: Starost nije radost

Strašivi doma dolazi → Bježanova majka pjeva, a Stojanova plače

Strpljen - spašen

Avec le temps et la patience on vient à bout du tout

Sabur - selamet

Saburom je dženet pokriven

La persévérance vient à bout du tout

Lat: Sustine et abstine

Avec le temps et la paille les nèfles mûrissent

Cf: Ko ustraje taj se ne kaje; Polako, ali sigurno; Šuti i trpi; Živa glava sve podnese i na sve se navikne

Au long aller la lime mange le fer

Qui veut voyager loin ménage sa monture

Patience et longueur de temps font plus que force ni que rage

Suhoj zemlji i slana voda je dobra → Kad nema djevojke dobra je i baba

Sunce svima sja

Le soleil luit pour tout le monde

Lat: Sol luceto omnibus

Suprotnosti se privlače

Les extrêmes se touchent

Svak svoje traži

Chacun cherche son semblable

Cf: Svaka ptica svome jatu leti

Chaque brebis cherche sa pareille

Svaka ptica ima nad sobom kopca → I nad popom ima pop

Svaka ptica svome jatu leti

Cf: Našla vreća zakrpu; Svak
svoje traži

Qui se ressemble s'assemble

Les oiseaux de même plumage
volent ensemble (s'assemblent)

Fagot cherche bourrée

Svaki Cigo svoga konja hvali

Lat: Laudat venales quos vult
extrudere merces

Cf: Svakom svoje lijepo

À chaque oiseau son nid est
(semble) beau

Chaque prêtre loue ses reliques

Chaque potier loue son pot et
davaantage les cassés et les rots

Chacun prêche pour sa paroisse

Chaque chevalier parle de ses
armes

Svaki gušt se plaća

Cf: Ko se dima ne nadimi, taj se
vatre ne ogrije (on se ognja ne
ogrije)

On ne va pas aux noces sans
manger

**Svaki je domaćin svome domu
vladika**

Cf: Svuda pođi, kući dođi

Charbonnier est maître chez soi
(dans sa maison)

Par droit et par raison chacun est
maître dans sa maison

**Svaki pijevac na svom bunjištu
jači**

Un coq (Un chien) est bien fort sur
son fumier

Chien sur son fumier est hardi

Svaki početak je težak

Cf: Prvi korak je najteži

~ La pluie du matin n'arrête pas le
pèlerin

Il y a un commencement à tout

Svaki rod ima po jedan rog → U svakom žitu ima kukolja

Svaki zanat je zlatan

Cf: Sve, sve, ali zanat; Ko što umije, sramota mu nije

Il n'est si petit métier qui ne nourisse son maître

Svako djelo dođe na vidjelo

Cf: U laži su kratke noge; Zaklela se zemlja raju da se svake tajne znaju

L'on ne peut cacher l'aiguille en sac

L'huile et la vérité finissent par venir au sommet

Svako je kovač svoje sreće

Chacun est l'artisan de sa fortune (de son sort)

Est heureux qui croit l'être

Svako je lud na svoj način

À chaque fou sa marotte (var. À chacun sa marotte)

Chacun a un fou dans sa manche, il le montre quand il veut

Nul chevalier sans prouesse

Svako je mudar po šteti → Da je pamet do kadije kao od kadije

Svako lice s nosom lijepo

Cf: Moj nos moj ponos

Il est assez beau qui a tous ses membres

Svako nosi svoj krst (križ)

Chacun porte sa croix

Svako vrijeme nosi svoje breme

Au long aller le fardeau pèse

Svako za se svoju travu pase
Guska, prase, svak nek gleda za se

Cf: Lovac je da lovi, prepelica da se čuva

Où la chèvre est attachée il faut qu'elle broute

Chacun pour soi et Dieu pour tous

Chacun y est pour soi

Chacun chez soi et les poules (moutons) seront bien gardé(e)s

Svako zlo ima svoje dobro → U svakom zlu ima dobra

Svakog gosta tri dana dosta
Najmilijeg gosta tri je dana dosta

Cf: Nezvanom gostu mjesto iza vrata

L'hôte et la pluie après trois jours ennuient (var. Après trois jours, sa femme, un hôte et de la pluie sont trois choses dont on s'ennuie)

Svakom je svoje breme najteže
Cf. Tuđa rana ne boli

À chacun son fardeau pèse

Svakom je tuđa briga najlakša → Tuđa rana ne boli

Svakom loncu poklopac
Ne valja svakom loncu biti poklopac, ni svakoj čorbi zaprška
U svakoj čorbi mirođija
Cf: Ne niči gdje te ne siju

Les affaires du cabri ne sont pas celles du mouton

Svakom svoje lijepo
Cf: Svaki Cigo svoga konja hvali

Ce qu'on aime est toujours beau

À l'âne l'âne semble très beau

Svašta na svijetu

Ainsi va le monde

Sve ili ništa

Roi ou rien

Sve ima svoju cijenu Chaque chose a son prix

Sve je dobro, što se dobro svrši Tout est bien qui finit bien

Sve je moguće Tout est possible
Sve je moguće (pa i drvena peć
(drven šporet))
Cf. Ništa nije nemoguće

Sve je moguće (pa i drvena peć (drven šporet)) → Sve je moguće

Sve ravno do Kosova (do mora) S'en moquer comme de l'an
Šta me briga što Mađarska nema quarante (de sa première chemise)
more S'en soucier (s'en ficher) comme
Stalo (nekome do nečega) kao do un poisson d'un pomme
lanjskog snijega Se moquer (se soucier, se ficher, se
foutre) du tiers comme du quart
Ça m'en touche une sans me
remuer l'autre

Sve sa svijetom Le sage se conforme à la vie de ses
Cf: Kud svi Turci, tud i mali Mujo compagnons

Sve se može kad se hoće → Ko hoće, taj i može

Sve se vraća, sve se plaća Le passé est garant de l'avenir
Cf: Kolo sreće se okreće

Sve, sve, ali zanat Un métier bien appris vaut mieux
Cf: Svaki zanat je zlatan qu'un gros héritage

Sve što je lijepo kratko traje

Cf: Hej, drugovi, je l' vam žao,
rastanak se primakao

Les meilleures choses ont une fin

Il n'y a point de bonne fête sans
lendemain

Sve u svoje vrijeme

Ne može svanuti prije zore

Cf: O tom, potom

Chaque chose a son temps

Il y a temps pour tout

De saison tout est bon

Le semer et la moisson ont leur
temps et leur saison

Sve zbog mira u kući

~ Il faut cultiver notre jardin

**Sve znam, ma ne znam kad ću
umrijeti**

Qui n'est pas mort ne sait de quelle
mort il mourra

Sve žene su iste

Cf: Svi muškarci su isti

Toutes les femmes sont les mêmes

Svemu dođe kraj

Cf: Top puče, Bajram (Božić)
prođe

Tout a une fin

Svi muškarci su isti

Cf: Sve žene su iste

Les hommes sont tous les mêmes

Svi putevi vode u Rim

Cf: Išla bi baba u Rim, ali nema
s čim, kupila bi svašta, ali nema
za šta; Ko jezika ima, pogodi do
Rima; Martin u Rim, Martin iz
Rima

Tous les chemins mènent à Rome
(var. Tout chemin mène à Rome)

Svi za jednog, jedan za sve
Jedan za sve, svi za jednog

Cf: Složna braća kuću grade

Tous pour chacun, chacun pour tous

Svijet je mali

Cf: Brdo se s brdom ne može sastati, a živi se ljudi sastanu

Le monde est petit

Svoja kućica, svoja slobodica
Dome, slatki dome

Cf: Svaki je domaćin svome domu vladika; Svuda pođi, kući dođi

Un petit chez-soi vaut mieux qu'un grand chez les autres
Il n'y a pas de petit chez soi
On marche toujours de travers sur un plancher quie nous appartient point (Qc)

Svuda pođi, kući dođi

Cf: Svugdje je dobro, ali kod kuće je najbolje; Svaki je domaćin svome domu vladika; Svoja kućica - svoja slobodica

Le lièvre revient toujours à son gîte

Svugdje je dobro, ali kod kuće je najbolje

Cf: Svuda pođi, kući dođi

L'hôtel et le poisson en trois jours sont poison
On n'est nulle part aussi bien que chez soi

Š

Široko ti polje!
Daleko ti kuća od moje!

Bon vent, la route est libre!
T'a le bonjour d'Alfred!

Šta bi bilo kad bi bilo → Da imamo brašna, ko što nemamo masla, pa još u selu tepsiju da posudimo, što bismo dobru pogaču ispekli

Šta bude, biće
Biće šta će biti

Cf: Što mora biti, biće

Fais ce que (tu) dois, advienne que pourra!
Ce qui doit être sera

Šta bude da bude → Kud puklo da puklo

Šta je bilo, bilo je
Cf: Bilo, pa prošlo (ka' i lanjski snijeg)

Ce qui est fait est fait

Šta je, tu je
Tako je, kako je
Iz ove kože ne može

Ainsi va la vie (var. C'est la vie)
C'est comme ça
Il faut prendre le temps comme il vient

Šta košta da košta

Coûte que coûte

Šta me briga što Mađarska nema more

Cf: Sve ravno do Kosova (do mora); Ne niči gdje te ne siju

Ce n'est pas mes (tes) oignons

Je ne te demande pas (est-ce que je te demande) si ta grand-mère fait du vélo (moto, planche à voile)

Štednja je prvo tečenje

Cf: U radiše svega biše, u štediše jošte više

Qui économise s'enrichit

Économie vaut (mieux que) profit

Qui épargne, gagne

Petit profit emplit la bourse

Qui dépense et ne compte pas, mange son bien et ne le goûte pas

Un sou est un sou

Što čuješ, ne vjeruj; što vidiš, to vjeruj

Očima više valja vjerovati nego ušima

Cf: Bolje je vjerovati svojim očima nego tuđim riječima

Il vaut mieux se fier à ses yeux qu'à ses oreilles

Ne crois pas tout ce que tu oy

Što dalje - sve bliže smrti → Danci k'o sanci, a godišta k'o ništa

Što dikla (na)vikla to nevjesta ne odviče (old)

Ko gdje nik'o, tu i obik'o

Cf: Navika je druga priroda

Ce qu'on apprend au berceau, dure jusqu'au tombeau

Ce que le poulain prend en jeunesse, il le continue en vieillesse

Što izgubiš, ne traži, što nađeš, ne kaži

Lat: Habeas ut nanctu's

Ce qui tombe dans le fossé est pour le soldat

Ce n'est pas perdu pour tout le monde

Što je babi milo, to se babi snilo

Što se babi htilo, to se babi snilo

Chacun croit aisément ce qu'il craint et ce qu'il désire

Što je brzo, to je i kuso ⟩ Ko žurio, vrat slomio

Što je džaba i Bogu je drago

Ako je sirće badava, slađe je od meda

Les meilleures choses de la vie sont gratuites

Što je sigurno, sigurno je

Cf: Ko se čuva, i Bog ga čuva

Deux précautions valent mieux qu'une

Deux ancres sont bonnes au navire

Mieux vaut une certitude qu'une promesse en l'air

Što je svačije, to je ničije

Cf: Gdje je puno baba kilava su djeca

Affaire à tout le monde, affaire à personne

À chemin battu, il ne croît point d'herbe

L'âne de tous est mangé des loups

Âne du commun toujours le plus mal bâté (var. Il n'y a point d'âne plus mal bâté que celui du commun)

Ouvrage de commun, ouvrage de nul

Što je veća ptica, veće joj gnijezdo treba → Velike ribe veliku vodu traže

Što jedan lud zamrsi, sto mudrih ne mogu razmrsiti

Un fol émeut ce que quarante sages ne pourraient apaiser

Što kolijevka zaljuljala, to motika zakopala → Teško žabu u vodu natjerati

Što mora biti, biće
Cf: Šta bude, biće

Ce que doit être ne peut manquer, non plus que la pluie en hiver
Ce qui doit arriver, arrivera

Što na srcu, to i na jeziku → Što na umu, to na drumu

Što na umu, to na drumu
Što na srcu, to i na jeziku

Cf: Što trijezan misli, pijan govori

Bouche en cœur du sage, cœur en bouche au fou
Il a le cœur sur les lèvres

Što ne želiš sebi, nemoj ni drugome → Čini drugom što je tebi drago da ti se učini

Što posiješ, to ćeš i požnjeti
Kako posiješ, onako ćeš i požnjeti
Ko što posije, to i požnje
Kakva sjetva, takva žetva

On récolte ce qu'on sème
Si tu sèmes des pommes de terre en lune cornue, pommes de terre cornues tu arracheras

Što pređe preko devet zuba, ode preko devet brda → Riječ iz usta, a kamen iz ruke

Što prije, to bolje

Le plus tôt sera le mieux
Mieux vaut plus tôt que plus tard

Što rek'o ne porek'o → Obećanje - sveto dugovanje

Što se babi htilo, to se babi snilo → Što je babi milo, to se babi snilo

Što se mora nije teško

Cf: Od dobre volje nema ništa bolje

Le fardeau qu'on aime n'est point pesant

Quand il faut, il faut

Što si stariji, to si pametniji

Cf: Kad se tvoj vrag rodio, onda je moj gaće nosio

La sagesse vient avec l'âge

En conseil écoute le vieil

~ Ancienneté a autorité

Što tražiš, to i nađeš → Ko što traži, naći će

Što trijezan misli, pijan govori

Čaša iza čaše, a iza čaše istina

Cf: Djeca, budale i pijani istinu govore; Istina je u vinu; Ne zna rakija šta je kadija

Ce que le sobre tient au cœur est sur la langue du buveur

Što više, to bolje

Cf: Gdje čeljad nije bijesna, kuća nije tijesna

Mieux vaut trop que trop peu

Il n'y a point d'assez, s'il n'y a trop

Što voda donijela, voda odnijela → Kako došlo, onako i prošlo (tako i otišlo)

Šut s rogatim ne može → Ne možeš se sa rogatim bosti

Šuti i trpi

Izdrž'o je Mujo i gore

Cf. Strpljen - spašen

Plutôt souffrir que mourir

Šutnja je zlato

La parole est d'argent mais (et) le silence est d'or (var. Parole est d'argent; Le silence est d'or)

En bouche close n'entre mouche

Fol semble sage quand il se tait

Šutnja je znak odobravanja

Lat: Silentium videtur confessio

Qui ne dit mot consent

Assez octroie qui se tait

Ta se u bari, ta u moru udavio   Il vaut autant etre mordu d'un chien que d'une chienne

Takav sam, kakav sam   Je suis comme je suis

Tako blizu, a tako daleko   Les raisins sont trop verts

Tako je, kako je → Šta je, tu je

Tebe ću po smrt poslati kad mi bude trebala → Bilo bi ga (te...) dobro po smrt poslati

Teško domu u kom sloge nema → Kad se slože i slabi su jaki

Teško kući gdje je kokoška glasnija od pijetla

Cf: Gdje bi jaje kokoš učilo?

La poule ne doit pas chanter devant le coq (var. Ce n'est pas à la poule à chanter devant le coq)

Malheureuse maison et méchante où (le) coq se tait et la poule chante

Quand la poule veut chanter comme le coq, Il faut lui couper la gorge

À la quenouille, le fol s'agenouille

Teško mišu (Rđav je ono miš) koji samo jednu rupu ima

Rat qui n'a qu'un trou est vite pris

Teško nogama pod ludom glavom → Ko nema u glavi, ima u nogama

Teško žabu u vodu natjerati

Što kolijevka zaljuljala, to motika zakopala

Cf: Vuk dlaku mijenja, a ćud nikada (ali ćud nikako); Navika je druga priroda

Qui a bu, boira

Chassez le naturel, il revient au galop

Qui naqui chat court après les souries

Ti meni, ja tebi

Usluga za uslugu

Cf: Pamti pa vrati; Ruka ruku mije

Passez-moi la casse (rhubarbe), je vous passerai le séné

Tiha voda bregove valja

Tiha voda brijeg roni

Cf: Ispod (male) mire sto (devet) đavola vire

Il n'est pire eau que l'eau qui dort (var. Ne te fie pas à l'eau qui dort; Il n'est pire eau que celle qui dort)

L'eau tranquille est pire que celle qui coule (*belge*)

Les eaux calmes sont les plus profondes

Tiha voda brijeg roni → Tiha voda bregove valja

Tikva pošla, tikva došla → Martin u Zagreb (Rim), Martin iz Zagreba (Rima)

Točak vremena ne može se vratiti	Le temps perdu ne se rattrape jamais Le temps passé ne revient pas
Top puče, Bajram (Božić) prođe Cf: Svemu dođe kraj	Au bout de l'aune faut le drap (vx.)

Traži vatre na lanjskom ognjištu → Kad ne može - ne može

Trčati (kao ždrijebe) pred rudu	Il ne faut pas mettre la charrue avant les bœufs (var. Ne mets pas la charrue devant les bœufs) Il ne faut pas se moquer des chiens qu'on ne soit hors du village
Treba htjeti, treba smjeti (pa da vidiš kud se leti)	(Il n') y a pas d'heures pour les braves
Treba mi k'o treće oko u glavi	Cela sert comme un cautère sur une jambe de bois
Treća sreća Bez treće nije sreće Treći put (triput) Bog pomaže U trojstvu Bog pomaže	Jamais deux sans trois Rarement 1, jamais 2, toujours 3 (Qc)

Treći put (triput) Bog pomaže → Treća sreća

Tresla se gora (brda), rodio se miš

La montagne accouche d'une souris

Lat: Parturiunt montes, nascetur ridiculus mus

Cf: Mnogo vike ni oko čega

Tri žene i jedna guska čine vašar

Trois femmes font un marché

Triput mjeri, jednom sijeci

N'entreprends rien sans avoir mesuré toutes choses

Trla (prela) baba lan da joj prođe dan

Ceux qui n'ont point d'affaires s'en font

Cf: Besposlen pop i jariće krsti

(Avoir) le temps de tuer un âne à coups de figue (molle)

C'est la folie de vanner les plumes au vent

Trud se isplati

Toujours pêche qui en prend un

Upornost se isplati

Tuđa koka ćureća jaja nosi → U tuđe krave veliko vime

Tuđa rana ne boli

Mal d'autrui n'est qu'un songe

Svakom je tuđa briga najlakša

Na tuđim leđima lako je breme

Cf. Svakom je svoje breme najteže

Tuđa ruka svrab ne češe

On n'est jamais si bien servi que par soi-même

Tukle se jetrve preko svekrve

Cf: Kad sultan nazebe, raja kiše

Quand les éléphants se battent, ce sont les fourmis qui meurent (c'est l'herbe qui souffre) (africain)

U božjoj bašti ima mjesta za svakoga

Cf: Nisu svi ljudi isti; Koliko ljudi, toliko ćudi

Il faut du tout pour faire un monde

Il y a fagot et fagot (vx.)

U crnoj zemlji bijelo žito rodi → **Crna koka bijela jaja nosi**

U društvu se i kaluđer ženi (vx.) → U društvu se i pop oženio

U društvu se i pop oženio

U društvu se i kaluđer ženi

Par compagnie on se fait pendre

Il vaut mieux être fou avec tous que sage tout seul

U kakav grad dođeš, takav zakon primaš → U kakvo kolo dođeš, onako i igraj

U kakvo kolo dođeš, onako i igraj

Il faut vivre à Rome selon les coutumes romaines

U kakav grad dođeš, takav zakon primaš

À Rome, fais comme les Romains

U kakvom si kolu, onako i pleši

Cf: Ko s vragom tikve sadi, o glavu mu se lupaju; Ko s vukom druguje mora zavijati; Ko se u kolo hvata, mora i poigrati

U kakvom si kolu, onako i pleši → U kakvo kolo dođeš, onako i igraj

U kovača je najgora sjekira → U krojača nikad hlača

U krojača nikad hlača

Les cordonniers sont les plus mal chaussés

U kovača je najgora sjekira

U laži su kratke noge

Le menteur ne va pas loin

Gdje laž ruča, tu ne večera

Le mensonge a les jambes courtes, il n'ira pas loin

Cf: Svako djelo dođe na vidjelo; Zbori pravo, sjedi gdje ti je drago

Le mensonge a des pattes pourries

Il faut qu'un menteur ait bonne mémoire

U ležećih prazna kuća (vx.)

Qui dort grasse matinée, trotte toute la journée

Pokraj furune sjedeći ništa se ne dobija

Qui dort jusqu'au soleil levant, vit en misère jusqu'au couchant

Cf: Ko radi ne boji se gladi; Ustani, lijeni, Bog sreću dijeli; Ranoranilac i docnolegalac kuću teče

Couleuvre lovée ne peut être grasse

U ljubavi i ratu je sve dozvoljeno

Tout est permis dans la guerre et en amour (var. En amour comme à la guerre, tous les coups sont permis)

U maloj boci se otrov drži

Maleno je zrno biserovo, al' se nosi na gospodskom grlu

Cf: Malena je 'tica prepelica, al'umori konja i junaka

Dans les petites boîtes (les petits pots), les bons onguents

Dans les petits sacs sont les bonnes épices

Petit chien, belle queue

U mnogo zbora malo stvora

Dobra ovca mnogo ne bleji, ali mnogo vune daje

Cf: Prazno bure većma zveči; Obećanje, ludom radovanje; Od zbora do tvora - ima prostora; Ne treba kvocati, nego jaja nositi

Les grands diseurs ne sont pas les grands faiseurs (vx.)

Chat miauleur ne fut jamais bon chasseur, non plus que sage homme grand caqueteur

Longue langue, courte main

U more pijesak sipati → U šumu drva nosi

U mutnoj vodi se riba lovi

Il n'est que pêcher en eau trouble (var. Pêcher en eau trouble est gain triple ou double)

L'eau trouble est le gain du pêcheur

U nevolji ne treba plakati nego lijeka tražiti

Cf: Ne vrijedi plakati nad prolivenim mlijekom

L'affliction ne guérit pas le mal

Par pleurs, par cris et par hélas le mal on ne soulage pas

Contre fortune bon cœur (var. Faire contre mauvaise fortune bon cœur)

À se cogner la tête contre les murs, il ne vient que des bosses

U radiše svega biše, u štediše jošte više

Cf: Ko ne čuva malo, ne može ni dosta imati; Para dinar čuva; Manje jedi, pa kupi; Čuvaj bijele novce za crne dane; Štednja je prvo tečenje

Qui n'épargne pas un sou n'en aura jamais deux

U ratara crne ruke, a bijela pogača

Ralo i motika svijet hrane

Cf: Crna koka bijela jaja nosi

Les mains noires font manger le pain blanc

U smrti su svi jednaki

Lat: Omnia mors aequat

Cf: Ko se rađa i umire

Six pieds de terre suffisent au plus grand homme

Le plus riche n'emporte qu'un linceul

Dépose, prend, possède, amasse - tout faut laisser quand on trépasse

U strahu su velike oči

La peur fait le loup plus gros

On croit toujours le loup plus grand qu'il n'est

La peur grossit les objets

~ La peur donne les ailes

~ La peur a bon pas

U svakoj čorbi mirođija → Svakom loncu poklopac

U svakoj šali pola istine (zbilje)

Lat: Ridentem dicere verum: quid vetat?

Entre rire et plaisanterie beaucoup entendent leurs quatre vérités

On dit souvent la vérité en riant

Dans toute plaisanterie il y a une part de vérité

171

U svakom zlu ima dobra

Svako zlo ima svoje dobro

Gdje je sreća, tu je i nesreća; gdje je nesreća, tu i sreće ima

Lat: Malum nullum est sine aliquo bono

Cf: Ko zna zašto je to dobro?; Ne daj, Bože, većeg zla; Nigdar ni tak bilo da ni nekak bilo

À quelque chose malheur est bon

Il n'est mal dont bien ne vienne

U svakom žitu ima kukolja

Svaki rod ima po jedan rog

Cf: Jedna šugava ovca svo stado ošuga

Le bon blé porte l'ivraie

A chaque cour son traître

Un peu de fiel gâte beaucoup de miel

Mouton crotté, bien souvent aux autres cherche à se frotter

U šumu drva nosi

U more pijesak sipati

Ne prodaji bostandžiji bostana

Cf: Kroz Banjaluku ne pjevaj, kroz Sarajevo ne kradi, a u Mostaru ne laži

Il ne faut pas porter de l'eau à la rivière (à la mer) (var. Dedans la mer de l'eau n'apporte)

Il ne faut pas parler latin devant un cordelier

U tom grmu leži zec

Lat: Hic jacet lupus

C'est là que (où) gît le lièvre

U trojstvu Bog pomaže → Treća sreća

U tuđe krave veliko vime

U tuđoj kozi više loja

Tuđa koka ćureća jaja nosi

Komad u tuđoj ruci je svagda veći

Cf: Zabranjeno voće je najslađe; Slađa smokva preko plota

Envie passe avarice

Bonne est la poule qu'un autre nourrit

Moisson d'autrui plus belle que la sienne

Poule de voisin paraît une oie

U tuđem oku vidi slamku, a u svome grede ne vidi

Vidi trn u tuđem oku, a ne vidi brvno u svom

On voit la paille dans l'œil de son voisin, mais pas la poutre dans le sien

U tuđoj kozi više loja → U tuđe krave veliko vime

U zdravom tijelu - zdrav duh

Une âme saine (Un esprit sain) dans un corps sain

Uboštvo nije sramota → Sirotinja nije grijeh

Učini dobro, ne kaj se; učini zlo, nadaj se → Čini dobro, pa i u vodu baci

Udario tuk na luk

Našla kosa brus

Cf: Kad lupež lupežu što ukrade, i sam se Bog smije; I mi konja za trku imamo

À chair de loup, dent (sauce) de chien

À malin, malin et demi

À corsaire, corsaire et demi

À renard, renard et demi

À trompeur, trompeur et demi

Il n'est si fin qui ne rencontre plus malin

Il n'y a si fin renard qui ne trouve plus finard

~ Avec le renard on renarde 173

Udri brigu na veselje

À demain les affaires (sérieuses)

Cf: Zid ruši vlaga, a čovjeka briga

Um caruje, snaga klade valja

Mieux vaut engin (ruse) que force

Bolja je unča pameti nego sto litara snage

Sagesse vaut mieux que force

Ce que lion ne peut, le renard le fait

Il faut coudre la peau du renard avec celle du lion

Umiljato jagnje dvije majke sisa

On prend plus de mouches avec du miel (avec du sucre) qu' avec du vinaigre (var. On ne prend pas les mouches avec du vinaigre)

Il faut avoir mauvaise bête par douceur

Mieux vaut douceur que rigeur (*Qc*)

Upornost se isplati → Trud se isplati

Upoznaj svoju domovinu (zemlju) da bi je više volio

Les voyages forment la jeunesse

Ustani, lijeni, Bog sreću dijeli

Le chasseur paresseux n'a pas de gibier à rôtir

Cf. Ko rano rani, dvije sreće grabi

À renard endormi ne vient bien ni profit

Heure du matin, heure de gain

Qui perd sa matinée perd les trois quarts de sa journée

Usluga za uslugu → Ti meni, ja tebi

Uzdaj se u se i u svoje kljuse

Cf: Pomozi sam sebi, pa će ti i Bog pomoći; Tuđa ruka svrab ne češe

Ne t'attends qu'à toi seul (toi-même)

Compte plutôt sur ton âne que sur le cheval de ton voisin

De ce que tu pourras faire jamais n'attends à autrui

Sois leal (loyal) et ne te fie en nul

Uzimalo davalo, s kokošima (kučićima, mačićima) spavalo (kokoši ga litale)

Bien donné ne se reprend pas

Donner c'est donner, reprendre c'est voler

Uzmi ili ostavi

Cf: Ponuđen k'o počašćen; Ako nećeš, ti poljubi pa ostavi

C'est à prendre ou à laisser

Uzmi sve što ti život pruža

Quand on tient la poule, il faut la plumer

Ill faut puiser quand la corde est au puits

Prendre le bien quand il vient

Veličina nije bitna

Ce n'est pas la taille qui compte

Velike ribe male proždiru

Cf: Ko je jači, taj i tlači

Les gros poissons mangent les petits (var. Le grand poisson mange le petit)

Velike ribe veliku vodu traže
Što je veća ptica, veće joj gnijezdo treba

À grand cheval, grand gué

Vidi trn u tuđem oku, a ne vidi brvno u svom → U tuđem oku vidi slamku, a u svome grede ne vidi

Vidjela žaba da se konj potkiva, pa i ona digla nogu

Le singe imite l'homme

Il ressemble aux grands chiens il veut pisser contre la muraille

La grenouille qui veut se faire aussi grosse que le bœuf

Više je ljudi pomrlo od jela i pića nego od gladi i žeđi

Cf: Manje jedi, pa kupi

Gourmandise tue plus de gens qu'épée en guerre tranchant

Les gourmands font leur fosse avec leurs dents

Više ruku više urade

Quand les bœufs vont à deux, le labourage en va mieux

Un peu d'aide fait grand bien (Qc)

Više vrijedi jedan stari prijatelj nego nova dva

Starog vina i stara prijatelja drži se

Drž' se nova puta i stara prijatelja

Cf: Dok s nekim vreću brašna ne pojedeš, ne možeš ga upoznati

Vieux amis et vieux écus sont les meilleurs

Vieille amitié ne craint pas la rouille

Amis vieux sont bons en tous lieux

Vin, or et ami vieux sont en prix en tous lieux

Vlakno po vlakno – runo → Zrno po zrno pogača, kamen po kamen palača

Voda i vatra su dobre sluge, ali zli gospodari

Le feu et l'eau sont bons serviteurs, mais mauvais maîtres

Vodu koju ćeš piti nemoj mutiti

Il viendra un temps où les chiens auront besoin de leur queue

Ne crachez pas dans le puits, vous pouvez en boire l'eau (var. Ne crache pas dans le puits, il peut t'arriver d'en boire)

Vrana vrani oči(ju) ne vadi

Cf: Vuk na vuka ni u gori neće

Corbeaux avec corbeaux ne se crèvent jamais les yeux

Vremena se mijenjaju

Lat: Tempora mutantur

Cf: Drugo vrijeme, drugi običaji

Les temps changent et nous avec eux

Vrijedne su ruke najbolja alatka

Cf: Bez alata nema zanata; Zanatliju posao pokazuje

Il n'est science que d'ouvrier

Vrijeme će reći

Cf: Živi-bili, pa vidjeli

(Seul) l'avenir le dira

Vrijeme gradi niz kotare kule, vrijeme gradi, vrijeme razgrađuje

Le monde parle, l'eau coule, le vent souffle et l'âge s'ecroule

Temps vient et temps passe, fol est qui ne se compasse

Tout passe, tout casse, tout lasse (var. Tout pase, tout lasse, tout casse)

Les béquilles du temps font plus que la massue d'Hercule

~ Le temps est un grand maître

Vrijeme je novac

Le temps, c'est de l'argent

Vrijeme leti

Lat: Tempus fugit

Cf: Danci k'o sanci, a godišta k'o ništa

Le temps nous passe

Le temps passe et ne revient plus (Qc)

Vrijeme liječi sve rane

Le temps guérit tout (toutes les blessures)

Le temps est le meilleur médecin

Vrijeme nikog ne čeka

Le temps n'attend personne

Vuk dlaku mijenja, a ćud nikada (ali ćud nikako)

Kurjak ostari, ćudi ne ostavi

Krsti vuka, a vuk u goru

Vuk uvijek u šumu gleda

Lat: Lupus pilum mutat, non mentem; Vulpem pilum mutare, non mores

Cf: Ne može se kriva Drina ramenom ispraviti; Teško žabu u vodu natjerati

Jamais teigneux n'aima le peigne

Dans la peau mourra le loup

Le loup est toujours loup

On ne se refait pas

Le renard change de poil mais non de naturel

Les loups peuvent perdre leurs dents, mais non leur naturel

Le loup alla à Rome, il y laissa poil et rien de ses coutumes

Vuk na vuka ni u gori neće

Lat: Canis caninam non est

Cf: Vrana vrani oči(ju) ne vadi

Les loups ne se mangent pas entre eux

Il fait bien mauvais au bois quand les loups se mangent l'un l'autre

Vuk uvijek u šumu gleda → Vuk dlaku mijenja, a ćud nikada (ali ćud nikako)

 Z

Za čisto zlato rđa ne prijanja

Tout est pur aux purs

Cf: Zna se zlato i u đubretu

Za dobrim konjem se prašina diže

Il vaut mieux faire envie que pitié (var. Mieux vaut faire envie que pitié)

On ne jette des pierres qu'à l'arbre chargé de fruits

Za Kulina bana (i dobrijeh dana)

Još kad je car kaplar bio
Otkako je gavran pocrnio

Cf: Otkako je svijeta i vijeka

au temps où Berthe filait
Ne remontez pas au déluge
Il y a belle lurette (une éternité)

Za neću se ide u zatvor (hum.)

Il n'y a point de nenni

Za nevolju i medvjed nauči igrati → Nužda nauči i babu igrati

Za svađu je potrebno dvoje

Cf: Za tango je potrebno dvoje

Il faut être deux pour faire certaines choses

Za sve ima lijeka

Il y a remède à tout

Za sve postoji razlog

Il y a une raison à tout

Za tango je potrebno dvoje

Cf: Za svađu je potrebno dvoje

Il faut être deux pour danser le tango (Qc)

Zabranjeno voće je najslađe

Cf: Slađa smokva preko plota; U tuđe krave veliko vime

Chose défendue et prohibée est souvent la plus désirée (var. Chose défendue, chose désirée)

Zaigraće mečka i pred našom kućom → Doći će sunce i pred naša vrata

Zaklela se zemlja raju da se svake tajne znaju

Cf: Svako djelo dođe na vidjelo

Il n'y a chose tant soit célée que le temps ne rend avérée

Un mot dit à l'oreille est entendu de loin

Zaman brci, kad pameti nema → Brada narasla, a pameti ne donijela

Zanatliju posao pokazuje

Djelo čovjeka hvali

Dobar posao se sam hvali

Cf: Drvo se poznaje po plodu

À l'ouvrage connaît-on l'ouvrier (var. À l'œuvre on connaît l'artisan)

Il n'est ouvrage que de maître

Marchand d'oignons se connaît en ciboules

Zaoriće se i naša davorija → Doći će sunce i pred naša vrata

Zavadi, pa vladaj

Diviser pour régner

Lat: Divide et impera; Divide ut regnes (imperes)

Zbog jednog vesla brod ne ostaje → Bez jednog čovjeka (Cigana) može biti vašar

Zbori pravo, sjedi gdje ti je drago

Dis la vérité et moque-toi du diable (anglais)

Zdrav bolesnom ne vjeruje → Sit gladnom ne vjeruje

Zdravlje je najveće blago (najveći raj) ovoga svijeta
Zdravlje je najveće bogatstvo
Bez zdravlja nema bogatstva
Lat: Valetudo bonum optimum

Santé passe richesse
Qui a la santé a tout, qui n'a pas la santé n'a rien
Il n'est richesse que de science et de santé

Zdravlje je najveće bogatstvo → Zdravlje je najveće blago (najveći raj) ovoga svijeta

Zid ruši vlaga, a čovjeka briga
Nije čiko ostario u sreći ležeći već od zla bježeći

L'inquiétude amène la vieillesse avant le temps

Cf: Udri brigu na veselje

Zini da ti kažem → Kad porasteš, kaz'će ti se samo

Zlatan ključić i carev grad otvori → Zlatan ključić i željezna (gvozdena) vrata otvara

Zlatan ključić i željezna (gvozdena) vrata otvara

Zlatan ključić i carev grad otvori

Cf: Para vrti gdje burgija neće

La clé d'or ouvre toutes les portes

Zlatan lanac slobodu ne pruža

La belle cage ne nourrit pas l'oiseau

Zlato se u vatri probira, a čovjek u nevolji → Prijatelj se u nevolji poznaje (kao zlato u vatri)

Zlatu će se kujundžija naći → Dobrom konju se i u štali nađe kupac

Zlo se čuje dalje nego dobro

Cf: Bolji je dobar glas nego zlatan pâs

Les mauvaises nouvelles ont des ailes

Zna magarac gdje ga samar žulji

Chacun sent son mal

Chacun sait où le soulier (bat) le blesse

Chacun son écot

Zna se zlato i u đubretu

Cf: Za čisto zlato rđa ne prijanja

L'or brille même dans la boue

Znam te, puško, kad si pištolj bila

Cf: Ko ga ne zna, skupo bi ga platio

Plus le singe s'élève, plus il montre son cul pelé (var. Plus un singe monte dans un arbre plus il monte sur les fesses (Qc))

Znanje je pravo imanje

Bolje je znanje nego imanje

Bolje je znati nego imati

Bolje je umjeti nego imati

Cf: Bolje je pametna glava nego dolina para

De savoir vient avoir

Zrno po zrno, eto pogača; dlaka po dlaka, eto bjelača; kaplja po kaplja, eto Morača → Zrno po zrno pogača, kamen po kamen palača

Zrno po zrno pogača, kamen po kamen palača

Zrno po zrno, eto pogača; dlaka po dlaka, eto bjelača; kaplja po kaplja, eto Morača

Mnogo zrna gomilu načine

Vlakno po vlakno - runo

Iz potočića biva rijeka

More izvorima počinje

Iz svake brade po dlaka, eto ćosi brade

Cf: U radiše svega biše, u štediše jošte više

Petit à petit, l'oiseau fait son nid

Plusieurs peu font un beaucoup

Goutte à goutte on emplit la cave

Maille à maille se fait haubergeon

Petit à petit (Pas à pas) on va bien loin

Petit train va loin

Ž

Žaba davi rodu

Cf: Gdje je magla panj izvalila?;
Na vrbi svirala; Ne padaju iz
neba pečene mušmule (ševe)

C"est trop beau pour etre vrai

**Žali, Bože, tri oke sapuna, što
poarči bula na Arapa**

À laver (blanchir) la tête d'un âne,
on (n') y perd (que) sa lessive

Qui lave le corbeau ne le fait
jamais blanc

Žedan i mutnu vodu pije → Žedan konj mutnu vodu ne gleda

**Žedan konj mutnu vodu ne
gleda**

Žedan i mutnu vodu pije

Cf: Glad je najbolji kuhar; Gladan
pas ne može lajati

~ Au pauvre un œuf vaut un bœuf

**Ženiti se mlad, rano je, a star
kasno je**

Quand on est jeune, il est trop tôt;
quand on est vieux, il est trop tard

Žežen kašu hladi → Koga je zmija ujela i guštera se boji

Živ mi Todor da se čini govor   En bouche close n'entre mouche

Cf: Jezik za zube

Živa glava sve podnese i na sve   Qui veut durer doit endurer
se navikne

Cf: Strpljen - spašen

Živi-bili, pa vidjeli   Qui vivra verra

Cf: Vrijeme će reći

Živi, i pusti druge da žive   Vivre et laisser vivre

Bien faire et laisser dire

Živi prosto – doživjećeš sto   Lever à six, manger à dix, souper
à six, coucher à dix, font vivre
Cf: Bježi, rđo, eto meda!   l'homme dix fois dix (var. Coucher
à dix, lever à six)

Coucher de poule et lever de
corbeau écartent l'homme du
tombeau

Dîne honnêtement et soupe
sobrement, dors en haut et vivras
longuement

Qui boit et mange sobrement vit
de coutume longuement

Fais de la nuit nuit, et du jour jour,
et vivras sans ennui et douleur

Qui veut vivre sain dîne peu et
soupe moins

Živio, kapu nakrivio!   À la tienne, Étienne

Život je kratak

La vie est courte

Život je nekome majka, a nekome maćeha

Il faut prendre la vie comme elle vient

Cf: Život je težak

Život je takav, čupav i dlakav

La vie n'est pas un roman
La vie n'est pas rose

Cf: Život je težak

Život je težak

La vie est dure

~ Život je nekome majka, a nekome maćeha

Cf: Život je takav, čupav i dlakav;
Život je nekome majka, a nekome maćeha

Život teče dalje

La vie continue

Žuti žutuju, a crveni putuju

Pot fêlé dure longtemps

Okrnjen sud mnogo stoji (vx.)

Registar poslovica i izreka

A

AGA: Biraj, ago, što je tebi drago

ALAT, ALATKA: Bez alata nema zanata; Vrijedne su ruke najbolja alatka

APETIT: Apetit dolazi za vrijeme jela

ARAP: Žali, Bože, tri oke sapuna, što poarči bula na Arapa

ARŠIN: Ako je daleko Bagdad, blizu je aršin; Ne mjeri drugoga svojim aršinom

B

BABA: Da je baba deda... ; Da su babi muda, bila bi deda; Dala baba groš da uđe u kolo, dala bi dukat da izađe; Gdje je puno baba kilava su djeca; Kad nema djevojke dobra je i baba; Ko o čemu, baba o uštipcima; Prošla baba s kolačima; Selo gori, a baba se češlja; Što je babi milo, to se babi snilo; Što se babi htilo, to se babi snilo; Trla (prela) baba lan da joj prođe dan

BABO: Ni po babu, ni po stričevima (već po pravdi boga istinoga)

BAJRAM: Ne šije se marama uoči Bajrama; Nije svaki dan Bajram; Top puče, Bajram prođe

BAL: Kad je bal, nek je bal (maskenbal)

BATINA: Batina ima dva kraja; Batina je iz raja izašla

BESPOSLEN: Besposlen Mujo fišeke savija; Besposlen pop i jariće krsti

BESPOSLENOST: Besposlenost je majka svih zala

BITI: Biće šta će biti; Bilo, pa prošlo (ka' i lanjski snijeg); Nigdar ni tak bilo da ni nekak bilo; Šta bi bilo kad bi bilo; Šta bude da bude; Šta bude, biće; Šta je bilo, bilo je; Šta je, tu je; Što mora biti, biće

BLAGO: Nije blago ni srebro ni zlato, već je blago što je srcu drago

BLIZU, BLIŽE: Preko preče, naokolo bliže; Što dalje - sve bliže smrti; Tako blizu, a tako daleko

BOG: Bog dao, Bog i uzeo; Bog je prvo sebi bradu stvorio; Bog je spor, ali je dostižan; Bog nikom dužan ne ostaje; Bog visoko, a car daleko; Bog zatvori jedna vrata, a otvori stotinu; Bogu iza nogu (leđa); Bogu se moli, ali k brijegu grebi; Čovjek kaže, a Bog raspolaže; Čovjek snuje, a Bog odlučuje (određuje); Gdje je Bog rekao laku noć; Ko se čuva, i Bog ga čuva; U trojstvu Bog pomaže

BOJATI SE: Čini pravo, boj se Boga, pa se ne boj nikoga; Ko mnogo prijeti, onoga se ne boj

BOLEST: Bolest na konju dolazi, a na dlaci odlazi; Njegova bolest drugoga zdravlje

BOSTAN: Ne prodaji bostandžiji bostana

BOZADŽIJA: Bozadžija za salebdžiju

BOŽIĆ: Nije svaki dan Božić

BRAĆA, BRAT: Ako smo mi braća, nisu nam kese sestrel; Nesložna braća - propala kuća; Složna braća kuću grade; Nekom rat, nekom brat; Složna braća nove dvore grade, a nesložna stare razgrađuju

BRADA: Brada narasla, a pameti ne donijela; Iz svake brade po dlaka, eto ćosi brade; Pop se ne bira po bradi, nego po glavi

BRIGA: Svakom je tuđa briga najlakša; Udri brigu na veselje; Zid ruši vlaga, a čovjeka briga

BRDO: Ko na brdu ak' i malo stoji, više vidi no onaj pod brdom

BRK: Zaman brci, kad pameti nema

BREME: Ide vrijeme, nosi breme; Na tuđim leđima lako je breme; Svakom je svoje breme najteže

BRNJICA: Brnjicu na gubicu

BRZ: Što je brzo, to je i kuso

BUDALA: Budala je ko hoće da zna šta se u svačijem lončiću vari; Budale se mnogo smiju; Budale se smiju bez razloga; Djeca, budale i pijani istinu govore; Stari trik, nova budala

BUKA: Mnogo vike (buke) ni oko čega

C

CAR: Car daleko, a Bog visoko; Car nad carem se uvijek nađe; Caru carevo, a Bogu božje (dati); I car legne da mu se (ručak) slegne; Još kad je car kaplar bio; Gdje ništa nema i car prava nema

CARSKI: Carska se ne poriče

CICIJA: Nije beg cicija

CIJENA: Sve ima svoju cijenu

CILJ: Cilj opravdava sredstvo

CRV: I crv se svija ako ga zgaziš

Č

ČEKATI: Galija jednog ne čeka; Ko čeka, taj i dočeka

ČELO: Nikome nije napisano na čelu šta je u njemu

ČEŠATI SE: Gdje koga svrbi onde se i češe

ČINJENICA: Činjenice su tvrdoglave

ČORBA: U svakoj čorbi mirođija

ČOVJEK: Kakav je koji čovjek, onako s njim postupaj

Ć

ĆUD: Koliko ljudi, toliko ćudi; Kurjak ostari, ćudi ne ostavi

D

DAMA: Dame biraju; Dame imaju prednost; Dame se ne pitaju za godine

DAN: Ako je kratak dan, duga je godina; Dan po dan, noć po noć - čovjek se bliži grobu; Danci k'o sanci, a godišta k'o ništa; Ne hvali dan prije večeri; Ne zna se šta nosi dan a šta noć

DANAS: Danas imaš, sutra nemaš; Danas ja, sutra ti; Danas jesmo, sutra nismo (a sutra nas nema); Danas meni, sutra tebi; Ne ostavljaj za sutra ono što možeš uraditi danas

DAR: Bojim se Danajaca i kad darove donose; Na daru se zubi ne broje; Ne vjeruj Danajcima i kad darove donose

DATI: Daj šta daš; Daj ti meni plačidruga, a pjevidruga je lako naći; Dvaput daje ko odmah daje

DATO: Obećato kao dato

DAVORIJA: Zaoriće se i naša davorija

DIM: Ako je dimnjak nakrivo, upravo dim izlazi. v. VATRA.

DINAR: Para dinar čuva; Puno je grad za dinar, kad dinara nema

DIVLJI: Dođoše divlji, istjeraše pitome

DJECA: Ko sa djecom spava, budi se popišan; Mala djeca mala briga; velika djeca velika briga; Od djece ljudi bivaju

DJELO: Konac djelo krasi; Svako djelo dođe na vidjelo

DOBAR: Dobra roba sama se prodaje, a djevojka sama se udaje; Sve je dobro, što se dobro svrši; Za Kulina bana (i dobrijeh dana)

DOBITI: Ko ne riskira ne dobija

DOBRO: Čini dobro, pa i u vodu baci; Dobro se dobrim vraća; Ko dobro čini, bolje dočeka (a ko zlo čini, gore dočeka); Ko dobro čini, neće se kajati; Učini dobro, ne kaj se; učini zlo, nadaj se; U svakom zlu ima dobra

DOBROTA: Sačuvaj me, Bože, njihove dobrote

DOCKAN: Dockan, kume, popodne u crkvu

DOGODITI SE: Dogodilo se - ne pomenulo se

DOGOVORNI: Dogovorna je najbolja

DOM: Dome, slatki dome; Ko naglo ide, na putu ostaje, ko lakše ide, brže doma dolazi; Svaki je domaćin svome domu vladika

DOMOVINA: Domovina je tamo gdje ti je dobro

DRAGO. Bilo kako mu drago

DRUGI: Ako nisi za sebe, nisi ni za drugoga; Čini drugom što je tebi drago da ti se učini; Što ne želiš sebi, nemoj ni drugome

DRUŠTVO: U društvu se i kaluđer ženi

DRVO: Da kucnem o drvo; Drvo se poznaje po plodu; Drvo se savija dok je mlado; Pokraj suha drveta i sirovo izgori; Staro se drvo ne savija

DUB: Od jednog udara dub ne pada

DUG: Dug je zao drug

DUŠA: Čovjek se nada dok je god duše u njemu; Oči su ogledalo duše

DUŽAN: Ko je dužan, taj je tužan

DVA: Dva loša ubiše Miloša; Dva trećega ne čekaju; Od dvije smrti niko ne gine; Kad se dva petka sastanu zajedno; Ko juri dva zeca odjednom, ne ulovi nijednog; Ko rano rani, dvije sreće grabi; Platno se ne tka na dva razboja

DVOJE, DVOJICA: Dok se dvoje svađaju, treći se koristi; Dvojica više znaju nego jedan; Gdje dvoje diše, treće se piše ; Za svađu je potrebno dvoje; Za tango je potrebno dvoje

DŽ

DŽABA: Džaba (Badava) se ni Hristov grob ne čuva; Nema džabe ni kod (stare) babe; Što je džaba i Bogu je drago

Đ

ĐAVO: Đavo nije tako crn kao što izgleda; Ispod (male) mire sto (devet) đavola vire; Nije đavo nego vrag; Nije ni đavo tako crn kao što ga pišu (kao što ljudi govore)

E

EKSER: Ekser drži potkov, potkov konja, konj junaka, junak grad, a grad zemlju

G

GAĆE: Biće gaće, ali ne znam kad će; Daće Bog (raji) gaće, ali ne zna kad će; Kad se tvoj vrag rodio, onda je moj gaće nosio; Nema raka bez mokrih gaća

GAVRAN: Otkako je gavran pocrnio

GINUTI: Pošteno ime ne gine

GLAD: Glad je najbolji kuhar (začin); Kad glad (bijeda) ulazi na vrata, ljubav izlazi kroz prozor; Ko radi ne boji se gladi

GLADAN: Gladan kurjak usred sela ide; Gladan medvjed ne igra; Gladnom psu i divljake slatke; Sit gladnom ne vjeruje

GLAS: Bolji je dobar glas nego zlatan pâs; Dobar glas daleko se čuje; Glas naroda, glas božji

GLAVA: Čizma glavu čuva (a kapa krasi); Jedna glava - hiljadu jezika; Ko nema u glavi, ima u nogama; Mudra glava, šteta što je samo dvije noge nose (a ne četiri, kao živinče); Rep glavi ne zapovijeda; Živa glava sve podnese i na sve se navikne

GODINA: Godine nisu važne

GORA: Gora se s gorom ne sastaje, a čovjek s čovjekom vazda; Tresla se gora (brda), rodio se

miš

GORI (GORE): Ko bi gori, sad je doli, a ko doli, gori ustaje

GOSPODAR: Kakav gospodar, onakav i sluga

GOSPODSKI: Maleno je zrno biserovo, al' se nosi na gospodskom grlu; Gospodskome smijehu i vedru vremenu ne valja vjerovati, jer se začas promijene

GOST: Došli gosti da oglođu kosti; Kakav gost, onakva mu čast; Najmilijeg gosta tri je dana dosta; Nezvanom gostu mjesto iza vrata; Svakog gosta tri dana dosta

GOVORITI: Lako je govoriti, al' je teško tvoriti

GRAD: U kakav grad dođeš, takav zakon primaš

GREŠKA: Pametan se uči na tuđim greškama, budala na svojim

GRIJEŠITI: Griješiti je ljudski

GROB: Bolje grob nego rob

GROM: Neće grom u koprive

GUBER: Ne pružaj se dalje od gubera; Pruži se prema guberu

GUSKA: I guska katkad na ledu posrne

GVOŽĐE: Gvožđe se kuje dok je vruće; Kad čovjek tone, i za vrelo gvožđe se hvata; Obradovala se rđa gvožđu

H

HAJDUK: Dva (Tri) hajduka, devet kapetana

HLJEB: Čovjek ne živi samo od hljeba; Kad spava, hljeba ne ište; Ne traži hljeba preko pogače

HRABAR: Hrabre sreća prati

HRAST: Najedanput se hrast ne posiječe

HTJETI: Htio - ne htio; Sve se može kad se hoće; Treba htjeti, treba smjeti

HVALA: Hvala je prazna plaća;

Prazna hvala neće u torbu

HVALITI: Dan se hvali kad veče, a život kad smrt dođe; Djelo čovjeka hvali; Dobar posao se sam hvali; Svaki Cigo svoga konja hvali

I

IGUMAN: Putuj ti, oče, igumane, i ne brini se za manastir

IMATI: Bolje je umjeti nego imati; Ko ne čuva malo, ne može ni dosta imati; Ko više ima, više mu se hoće

INAT: Inat babi dušu gubi; Inat je zao zanat; Od inata nema goreg zanata

ISKRA: Od male iskre velika vatra

ISKUSTVO: Iskustvo je najbolji učitelj (u životu)

ISTI: Isto sranje, drugo pakovanje; Sve žene su iste; Svi muškarci su isti

ISTINA: Čaša iza čaše, a iza čaše istina; Istina bode oči; Istina boli; Istina je gorka, ali se proždre; Istina je u vinu; Istina suncem sja

ISTORIJA: Istorija se ponavlja

IVER: Iver ne pada daleko od klade

IZGLED: Izgled vara

IZGUBITI: Dobro se ne pozna dok se ne izgubi; Imadoh - ne znadoh, izgubih – poznadoh; Ko hoće (traži) veće, izgubi i ono iz vreće; Ko žali ekser, izgubi potkovicu; Što izgubiš, ne traži, što nađeš, ne kaži

J

JA: Ti meni, ja tebi

JADAC: Spolja gladac, iznutra jadac

JAGNJE: Umiljato jagnje dvije majke sisa

JAJE: Bolje je danas jaje nego sutra kokoš; Ili jaje kamenu ili kamen jajetu; Ne stavljaj sva jaja u jednu košaru; Ne treba kvocati, nego jaja nositi

JAK: I dren je malen, ali mu je drvo jako; Jača su dvojica nego sam Radojica; Jače selo od medvjeda; Kad se slože i slabi su jaki; Ko je jači, taj i tlači; Nije tvrda vjera u jačega; Svaki pijevac na svom bunjištu jači

JAMA: Ko drugom jamu kopa, sam u nju pada

JARAC: Ja derem jarca, a on kozu; Ne valja jarca za baštovana namjestiti

JELO: Više je ljudi pomrlo od jela i pića nego od gladi i žeđi

JEDAN: Bez jednog čovjeka (Cigana) može biti vašar; Jedan, dva, tri, sve sto kažeš to si ti; Jedan k'o nijedan; Jedan se oteg'o, drugi se proteg'o; Jedan za sve, svi za jednog; Svi za jednog, jedan za sve

JEDNOM: Jednom kao nijednom

JEFTIN: Jeftin espap kesu prazni ; Jeftino meso, čorba za plotom

JELO: Kakav na jelu, takav na djelu

JESTI: Čovjek ne živi da bi jeo, već jede da bi živio; Jedemo da živimo, a ne živimo da jedemo

JETRVA: Tukle se jetrve preko svekrve

JEZGRO: Ako želiš jezgro, slomi ljusku

JEZIK: Bolje se pokliznuti nogom nego jezikom; Brži jezik od pameti; Jezik je više glava posjekao nego sablja; Čovjek se veže za jezik, a vo za rogove; Jezik kosti nema, a kosti lomi; Jezik veže ljude, uže konje i volove; Jezik za zube

JOVO: Opet Jovo nanovo

JUTRO: Jutro je pametnije (mudrije) od večeri; Starije je jutro od večera

K

KADIJA: Kadija te tuži, kadija ti sudi

KAJATI SE: Ko rano ustaje nikad se ne kaje; Ko se brzo ženi, polako se kaje; Ko ustraje taj se ne kaje; Oženi se na brzinu, kajaćeš se natenane

KAMEN: Ili loncem o kamen, ili kamenom o lonac, teško loncu svakojako; Ko nije grešan, neka prvi baci kamen; Koji se kamen često premeće, neće mahovinom obrasti

KAP, KAPLJA: Kap koja je prelila čašu; Kaplja kamen dubi

KAŠA: Žežen kašu hladi

KAŠALJ: Kašalj, šuga i ašikovanje ne može se sakriti; Siromaštvo i kašalj ne mogu se sakriti

KAZATI: Zini da ti kažem

KIŠA: Bježao od kiše, stigao ga grad; Kad najviše grmi, najmanje kiše pada; Kad nema kiše dobar je i grad;Poslije kiše japundže ne treba

KLIN: Jedan u klin, drugi u ploču; Klin se klinom izbija (a sjekira oba)

KLJUSE: Uzdaj se u se i u svoje kljuse

KOCKA: Kocka je bačena

KOKA, KOKOŠ: Crna koka bijela jaja nosi; Doći će koka na sjedalo; Gdje bi jaje kokoš učilo?; I ćorava koka zrno nađe; Koja kokoš mnogo kakoće, malo jaja nosi; Kokoš pije, a na nebo gleda; Kržljava koka uvijek pile; Sitna koka pile dovijeka; Stara koka, dobra supa; Teško kući gdje je kokoška glasnija od pijetla

KOLA: Kola nenamazana škripe; Na čijim se kolima voziš, onoga konje hvali; Na nesretnom se kola lome; Podmaži kola da ne škripe

KOLIJEVKA: Što kolijevka zaljuljala, to motika zakopala

KOLO: Ide kolo naokolo; Kad si u kolu, valja da igraš; Ko se u kolo hvata, mora i poigrati; U kakvo kolo dođeš, onako i igraj; U kakvom si kolu, onako i pleši

KOLJENO: Ne diži se na golemo da ne padneš na koljeno

KOMŠIJA: Komšija bliži nego brat

KONJ: Dobar konj se i za jaslima prodaje; Dobrom konju se i u štali nađe kupac; I konj od sto dukata posrne; I mi konja za trku imamo; Od plašljiva ždrijebeta mnogo puta dobar konj izađe; Prešao s konja na magarca; Star se konj ne uči igrati; Za dobrim konjem se prašina diže

KOPLJE: Nakon boja kopljem u trnje

KORIST: Od crknuta konja i potkova je korist

KOS: Bolje je danas kos nego sutra gusak

KOSA: Našla kosa brus

KOSOVO: Kasno Janko na Kosovo stiže; Kasno Marko na Kosovo stiže; Sve ravno do Kosova

KOŠENO: Košeno striženo

KOŠULJA: Košulja je preča od kabanice

KOVAČ: U kovača je najgora

sjekira

KOZA: Ako koza laže, rog ne laže

KRAJ: I strpljenju dođe kraj; Svemu dođe kraj; Koliko krajeva, toliko krojeva

KRAVA: Ako je i crna krava, bijelo mlijeko daje

KRIV: Ko će ispraviti krivu Drinu?; Ko kriva žali, pravom griješi; Ne može se kriva Drina ramenom ispraviti; Smijala se kuka krivom drvetu

KRIV, KRIVAC: Kriv što je živ; Krivac se i sjenke boji; Ne bi kriv ko prde, već ko ču; Ni kriv, ni dužan

KRIŽ: Svako nosi svoj križ

KROJAČ: U krojača nikad hlača

KRST: Svako nosi svoj krst

KRUŠKA: Gdje će kruška no pod krušku; Kruška pada pod krušku, jabuka pod jabuku

KRV: Krv nije voda

KUĆA: Daleko ti kuća od moje!; Gdje čeljad nije bijesna, kuća nije tijesna; Kad kuća gori, barem da se čovjek ogrije; Neka svako očisti ispred svoje kuće; Ranoranilac i docnolegalac kuću teče; Sve zbog mira u kući; Svoja kućica, svoja slobodica; Svuda pođi, kući dođi; Svugdje je dobro, ali kod kuće je najbolje; U ležećih prazna kuća; Zaigraće mečka i pred našom kućom

KUKOLJ: U svakom žitu ima

kukolja

KUKU LELE: Cigu migu za tri dana, kuku lele dovijeka

KUMA: Kuma nuđena kao i čašćena

KUPITI: Pošto kupio, po to i prodao; Kupio mačka u džaku (vreći); Manje jedi, pa kupi

KURTA: Sjaši Kurta da uzjaši Murta

KUSATI: Kusaj šta si udrobio

L

LAGATI: Ko rad laže, rad i krade; Ko laže, taj i krade; Ko jedanput slaže, drugi put mu se ne vjeruje, iako istinu kaže; Ko jedanput slaže, drugi put zaludu kaže

LASTA: Jedna lasta ne čini proljeće

LAV: Ne diraj lava dok spava

LAŽ: Gdje laž ruča, tu ne večera; Laž se pređe primi nego istina; U laži su kratke noge

LEŽATI: Kako prostreš, onako ćeš ležati

LIJA: LIja lija, pa dolija

LIJEČITI: Bolje spriječiti nego liječiti

LIJEK: Za sve ima lijeka

LIJEPO: I nikom nije ljepše neg' je nam (samo da je 'vako svaki dan); Nova metla lijepo mete; Svakom svoje lijepo; Sve što je lijepo kratko traje

LIJESAK: Ljeskova je mast čudotvorna

LISICA: Gonio lisicu, izagnao vuka; Kad lisica predikuje, pazi dobro na guske; Stara lisica u gvožđe ne upada

LONAC, LONČIĆ: Malen lončić brzo pokipi; Ne valja svakom loncu biti poklopac, ni svakoj čorbi zaprška; Podsmijevao se kotao loncu; Svakom loncu poklopac

LOPOV: Ko lopova krije i on bolji nije; Lopov se sam izdaje

LOV: Ni moj lov, ni moj zec

LOŠ: Ništa nije tako loše da ne može da bude gore

LOVAC: Lovac je da lovi, prepelica da se čuva; Lovac, da uvijek ulovi, zvao bi se nosac a ne lovac

LUD: Ko je lud, ne budi mu drug; Luda pamet, gotova pogibija; Pošalji luda na vojsku, pa sjedi i plači; Svako je lud na svoj način; Što jedan lud zamrsi, sto mudrih ne mogu razmrsiti

LUK: Ni luk jeo, ni luk mirisao; Udario tuk na luk

LUPEŽ: Kad lupež lupežu što ukrade, i sam se Bog smije; Prigoda čini lupeža. v. LOPOV.

LJ

LJEPOTA: Iza zla vremena nema šta no ljepota; Ljepota je prolazna

LJETO: Na kukovo ljeto; Ko ljeti planduje, zimi gladuje

LJUBAV: Ko ima sreće u kartama, nema u ljubavi; Ljubav je lijepa, al'je slijepa; Ljubav je puna i meda i jeda; Ljubav na usta ulazi; Ljubav nije pura (šala); Od ljubavi se ne živi; U ljubavi i ratu je sve dozvoljeno

LJUBITI: NIkad nije kasno da se ljubi strasno

LJUDI: Brdo se s brdom ne može sastati, a živi se ljudi sastanu; Nisu svi ljudi isti; Puno ljudi - gotov junak

M

MAČ: Ko se mača lati, od mača će i poginuti

MAČKA: I mačka cara gleda (pa ga se ne boji); Kad mačka ode miševi kolo vode; Noću je svaka mačka (krava) siva

MAGARAC: Zna magarac gdje ga samar žulji; Odvedi magarca u Stambol - magarac opet magarac; Magarac u Beč, magarac iz Beča; Magarac u Carigradu, magarac u Caribrodu ; Ne lipši, magarče, do zelene trave; Ne lipši, magarče, dok trava naraste!; Ne zovu magarca na svadbu da igra, nego da vodu nosi

MAGLA: Gdje je magla panj izvalila?

MAJKA, MATI: Dok dijete ne zaplače, mati ga se ne sjeća; Kakva majka, onakva i kćerka; Ponavljanje je majka znanja

MAJMUN: Majmun je majmun, ako ćeš ga u kakve haljine oblačiti

MAJSTOR: Dobar majstor para vrijedi

MANA: Bolje znano s manom, nego neznano s hvalom; Ni drveta bez grane, ni čovjeka bez mane

MANTIJA: Mantija ne čini kaluđera

MASLO: Da ima sira i masla, i moja bi mati znala gibati gibanicu; Da imamo brašna, ko što nemamo masla, pa još u selu tepsiju da posudimo, što bismo dobru pogaču ispekli; Kad je brašna nije masla, kad je masla, nije brašna; Skuplja dara nego maslo

MED: Ako je sirće badava, slađe je od meda; Bježi, rđo, eto meda!

MEGDAN: Ima dana za megdana

MINUTA: Doći će i mojih pet minuta

MIR: Bolje s mirom nego s čirom; Bolje je mršav mir nego debeo proces (debela parnica)

MIŠ: Teško mišu (Rđav je ono

miš) koji samo jednu rupu ima

MJERITI: Triput mjeri, jednom sijeci

MJESTO: U božjoj bašti ima mjesta za svakoga

MLAD: Kad bi mladost znala, kad bi starost mogla; Mlad delija, star prosjak; Mlad može, a star mora umrijeti; Mlado – ludo; Pođi za stara, pođi za cara; pođi za mlada, pođi za vraga; Ženiti se mlad, rano je, a star kasno je

MLADI: Na mladima svijet ostaje

MLADOST: Mladost - ludost

MOĆI: Ako ne možemo kako hoćemo, mi ćemo kako možemo; Iz ove kože ne može; Kad ne može - ne može; Ko hoće, taj i može; Koga nema, bez njega se može; Spasavaj se ko može; Ne može se istovremeno duvati i srkati

MOGUĆE: Sve je moguće; Sve je moguće (pa i drvena peć (drven šporet))

MOLJEN: Ako neće moljen, a on će gonjen

MORATI: Kad se mora, mora se

MORE: Hvali more, drž' se kraja (obale); More izvorima počinje; Sve ravno do mora; Šta me briga što Mađarska nema more; Ta se u bari, ta u moru udavio

MOST: Na mostu dobio, na ćupriji izgubio

MRTAV: Ko živ, ko mrtav; Mrtva usta ne govore; O mrtvima sve najbolje; Samo preko mene mrtvog

MUDAR: Svako je mudar po šteti; I mudri nekad pogriješe

MUJO: Izdrž'o je Mujo i gore; Kud svi Turci, tud i mali Mujo

MUHA: I muha je u mlinu bila, pa je rekla da je i ona mlinarica; Muha orala volu na rogu stojeći

MUHAMED: Ako neće brijeg Muhamedu, onda će Muhamed brijegu

MUKA: Bez muke nema nauke; Dok se muke ne namuči, pameti se ne nauči; Na muci se poznaju junaci; Muka i nevolja uče čovjeka; Nije svaka muka dovijeka

N

NADA: Nada zadnja umire

NAPAD: Napad je najbolja odbrana

NAVIKA: Navika je druga priroda

NAVIKNUTI: Što dikla (na)vikla to nevjesta ne odviče

NEBO: Ne padaju iz neba pečene mušmule (ševe); Pečeni golubi iz neba ne padaju

NEPRIJATELJ: Neprijatelj mog neprijatelja je moj prijatelj; Neprijatelja koji bježi ne tjeraj

NESREĆA: Nesreća nikad ne dolazi sama

NEVOLJA: Čovjek je u nevolji dosjetljiv; Nevolja je najveći učitelj; Nevolja svačemu čovjeka nauči; Prijatelj se u nevolji poznaje (kao zlato u vatri); U nevolji ne treba plakati nego lijeka tražiti

NIKAD: Bolje ikad nego nikad; Nikad ne reci nikad; Sad ili nikad

NIKNUTI: Ko gdje nik'o, tu i obik'o

NIŠTA: Bolje išta nego ništa; Ko nema ništa, ne straši se od ništa; Ništa nije nemoguće; Ništa novo pod kapom nebeskom; Sve ili ništa

NOGE: Ko pruža noge izvan bijeljine, ozepšće mu; Ko se u kolo hvata, u noge se uzda; Teško nogama pod ludom glavom

NOS: Da padne na leđa, razbio bi nos; Moj nos moj ponos; Svako lice s nosom lijepo

NOVAC: Ne možeš imati i ovce i novce; Čuvaj bijele novce za crne dane

NUŽDA: Nužda nauči i babu igrati; Nužda zakon mijenja

O

OBEĆANJE: Obećanje - ludom radovanje; Obećanje - sveto dugovanje; Obećanje je kao dužnost

ODIJELO: Odijelo ne čini čovjeka

ODMOR: Nema odmora dok traje obnova

OKO, OČI: Bolje je vjerovati svojim očima nego tuđim riječima; Četiri oka vide bolje nego dva; Daleko od očiju, daleko od srca; Gospodareve oči konja goje; Izvan očiju, izvan pameti; Među ćoravim ko ima jedno oko meću ga za cara; Očima se ljubav kuje; Očima više valja vjerovati nego ušima; Oko je prvi u ljubavi poklisar; Oko za oko, zub za zub; Treba mi k'o treće oko u glavi

OLOVO: Nekom i pluto tone, a nekom i olovo pluta

OPANCI: Kom' opanci, kom' obojci

OPEĆI SE: Ko se jednom opeče i na hladno puše

ORAH: Kome nije na orahu, nije na tovaru (dosta)

ORAO: Orao ne lovi muhe

OSVETA: Osveta je jelo koje se poslužuje hladno

OTADŽBINA: Otadžbina je tamo gdje ti je dobro → Domovina je ...

OTAC: Kakav otac, takav sin; Kakva vrba, takav klin, kakav otac, takav sin; Kakvo gnizdo, takva ptica, kakav otac, takva dica; Kakvo zvono, takav glas; kakvo žito, takav klas; kakvo drvo, takav klin; kakav otac, takav sin

OTETO: Oteto - prokleto

OTIMATI: Bolje je nemati nego otimati

OTROV: U maloj boci se otrov drži

OTVORITI: Dok ne pokucaš, neće ti se otvoriti; Ko kuca tome se i otvara

OVAKO: Kad bi ovako, kad bi onako...

OVCA: Dobra ovca mnogo ne bleji, ali mnogo vune daje; Dobroga je pastira posao (dužnost) ovce strići, a ne derati; I stara ovca so liže; I brojene ovce vuk (kurjak) jede; Jedna šugava ovca svo stado ošuga; Kojoj ovci svoje runo smeta, ondje nije ni ovce ni runa; Ko se ovcom učini, kurjaci ga izjedu; Ovca bleji, zalogaj gubi

P

PACOV: Pacovi prvi napuštaju brod

PADATI: Ko visoko leti nisko pada

PAKAO: Biće jednom i u paklu vašar; Dobro je i u paklu imati prijatelja

PAMET: Bolja je unča pameti nego sto litara snage; Da je pamet do kadije kao od kadije; Duga kosa, kratka pamet; Kad Bog hoće koga da kazni, najprije mu uzme pamet; Konji se mjere peđu, a ljudi pameću; Ostario, a pameti ne stekao; Sjedine u glavu, a pamet u stranu; Ima više sreće nego pameti

PAMETAN: Pametan polako ide, a brže dođe; Pametniji popušta; Pametnome dosta; Što si stariji, to si pametniji

PAMTITI: Pamti, pa vrati

PAPA: Biti veći katolik od pape

PARE: Bez para ni u crkvu; Bolje je pametna glava nego dolina para; Koliko para, toliko muzike; Ne može i jare i pare; Nije sve u parama; Para na paru ide; Para vrti gdje burgija neće; Pare kvare ljude; Pare ne rastu na drvetu; Pare ne smrde; Pare od mrtvoga živa čine; Pare su da se troše

PAROLA: Parola "snađi se"

PAS, PSETO: Gladan pas ne može lajati; Kad stari pas laje, valja vidjet šta je; Kao pas kad leži na sijenu; Kao pas vrtlarski: ni sam ije, ni drugom da jesti; Ko sa psima liježe, pun buha ustane; Koje pseto hoće da ubiju, poviču: bijesno je; Ne laje pas radi sela, nego sebe radi; Nebojšu najprije psi ujedu; Niti pas kosku glođe, niti je drugom daje; Pas bio, pasji i prošao; Pas koji laje, ne ujeda; Pas laje, vjetar nosi; Pas s maslom ne bi pojeo; Pasji živio, pasji i umro; Psi laju, karavani prolaze

PASTI: Kad bi čovjek znao gdje će pasti, prije toga bi sjeo; Kad čovjek nada se pljune, na obraz će mu pasti; PAŠČE: Hrani pašče da te ujede

PATITI: Ko mnogo zna, mnogo i pati

PATKA: I patka na ledu posrne

PETAK: Doći će i njemu crni petak (zlo jutro); O Đurinu petku

PIJAN: Što trijezan misli, pijan govori; U more pijesak sipati

PIJEVAC: Kus pijevac pile dovijeka

PIPATI: Gdje koga boli, onde se i pipa

PITA: Ko kakvu pitu želi, onakve jufke i savija; Ne može od govneta pita; Skuplja pita od tepsije

PISATI: Piši propalo

PITATI: Ko pita, ne skita; Kako se pita, tako se i odgovara; Pitajući u Carigrad (može se otići)

PJANAC: Pjanca i dijete Bog čuva

PJEVATI: Bježanova majka pjeva, a Stojanova plače; Gdje si pjevao ljetos, pjevaj i zimus; Ko pjeva, zlo ne misli; Kroz Banjaluku ne pjevaj, kroz Sarajevo ne kradi, a u Mostaru ne laži

PLAĆA: Kakva rada, takva plaća; Kakva plaća, takva rađa; Kakva služba, onakva i plaća v. PLATA

PLAKATI: Plači, manje ćeš pišati

PLATA: Doći će plata na vrata v.

PLAĆA

PLATIŠA: Ni platiša, ni vratiša

PLATITI: Ko ga ne zna, skupo bi ga platio; Ne zna se ko pije, a ko plaća; Plati, pa klati; Svaki gušt se plaća; Sve se vraća, sve se plaća

PLJUVATI: Ko više sebe pljuje, na obraz mu pada

POČETAK: Dobar početak - lak svršetak; Svaki početak je težak

POČETI: Bolje je ne početi nego ne dočeti; Ko dobro počne, on je na pola radnje; Napola je učinio ko je dobro počeo

POKLON: Poklonu se u zube ne gleda

POKUŠATI: Ili ne pokušavaj, ili dovrši

POLAKO, POLAGANO: Ko polagano ide, dalje će otići; Ko polako ide, brže stigne (prije doma dođe); Požuri polako

POLJE: Široko ti polje!

POLJUBITI: Ako nećeš, ti poljubi pa ostavi

POMOĆI: Pomozi sam sebi, pa će ti Bog pomoći; Treći put (triput) Bog pomaže

POP: I nad popom ima pop; I pop u knjizi pogriješi; Ne gledaj što pop tvori, nego slušaj što zbori; Po glasu ptica, a po šapama se lav poznaje; Srditu popu prazne bisage; U društvu se i pop oženio; Neko hvali popa, neko popadiju; Reci bobu bob, a popu pop

PORASTI: Kad porasteš, kaz'će ti se samo

PORUKA: Ne jedu meso vuci po poruci

POSAO: Ako ima posla, ima i dana; Neka svako gleda svoja posla

POST: Nije uvijek mačku sirna nedelja, doći će i veliki post

POŠTENJAK: Poštenjak - vjekovnjak

POŠTENO: Bolje je pošteno umrijeti nego sramotno živjeti

POTOK: Gdje je potok, biće i potočina; Iz potočića biva rijeka

POTOM: O tom, potom

POTOP: Poslije nas potop

POZDRAV: Kakav pozdrav, onaki i odzdrav

PRASE: Guska, prase, svak nek gleda za se; Kad se prase naije, ono korito prevali; Prase se ne goji (tovi) uoči Božića; Prase sito prevrne korito

PRAVDA: Pravda je slijepa; Pravda je spora, ali dostižna

PRAVILO: Izuzetak potvrđuje pravilo; Pravila su tu da se krše

PRAZAN: Prazan klas se uvis diže, a pun ka zemlji savija; Prazna vreća ne može uzgor stajati; Prazno bure više zveči

PREVARITI: Ko me jedanput prevari, ubio ga Bog; ko me dvaput prevari, ubio me Bog

PRIJATELJ: Drž' se nova puta i stara prijatelja; Gdje su prijatelji, tu je i bogatstvo; Kad se jede i pije, onda je dosta prijatelja; Nesta vina, nesta razgovora, nesta blaga, nesta prijatelja; Prijatelj je najbolja imovina u životu; Prijatelj moga prijatelja je moj prijatelj; Sačuvaj me, Bože, od prijatelja, a od neprijatelja čuvaću se sam; Starog vina i stara prijatelja drži se; Više vrijedi jedan stari prijatelj nego nova dva

PRIJE: Ko prije djevojci, njegova je djevojka; Što prije, to bolje

PRIZNATI: Ko prizna, pola mu se prašta

PROBATI: Jedan prob'o, pa se usr'o

PROBIRAČ: Probirač nađe otirač

PROĆI: I to će proći; Kako došlo, onako i prošlo (tako i otišlo)

PROROK: Niko nije prorok u svojoj zemlji (kući)

PROTIV: Ko nije sa mnom, protiv mene je

PRST: Daš mu prst, a on uzme cijelu šaku; Ni svi prsti na jednoj ruci nisu isti

PRVI: Bolje prvi u selu nego zadnji u gradu; Prva ljubav zaborava nema; Prvi korak je najteži; Prvi se mačići u vodu bacaju

PTICA: Malena je 'tica prepelica,

al'umori konja i junaka; Poznaje se ptica po perju; Svaka ptica ima nad sobom kopca; Svaka ptica svome jatu leti; Što je veća ptica, veće joj gnijezdo treba

PUKNUTI: Kud puklo da puklo; Nek pukne kud pukne

PUŠKA: Znam te, puško, kad si pištolj bila

PUT: Preči put kola lomi

R

RAČUN: Čist račun, duga ljubav; Pravi račun bez krčmara

RADITI: Ko ne radi, ne treba da jede; Ko ne radi, taj ne griješi

RAKIJA: Ne zna rakija šta je kadija

RANA: Ljutu travu na ljutu ranu

RASTANAK: Hej, drugovi, jel' vam žao, rastanak se primakao

RAZLOG: Za sve postoji razlog

REĆI: Bolje reci neću, nego sad ću; Da je steći košto reći, svi bi bogati bili; Dok si rekao keks (britva); Ispeci, pa reci!; Razmisli, pa reci; Što rek'o ne porek'o

RIBA: Velike ribe male proždiru; Velike ribe veliku vodu traže; Riba s glave smrdi; Ribu uči plivati

RIJEČ: Od riječi do čina - trista aršina; Lijepa riječ i gvozdena vrata otvara; Lijepe riječi ne mijese kolače; Devet puta valja riječ preko jezika prevaliti prije neg' je izrekneš; Prazne riječi džep ne pune; Riječ iz usta, a kamen iz ruke

RIM: Išla bi baba u Rim, ali nema s čim; kupila bi svašta, ali nema za šta; Ko jezika ima, pogodi do Rima; Martin u Rim, Martin iz Rima; Svi putevi vode u Rim

ROD: Nije od Boga već od roda; Svaki rod ima po jedan rog

RODITI SE: Ko se ne rodi, taj ne pogriješi; Ko se za vješala rodio neće potonuti; Niko se nije naučen rodio

ROGAT: Ne možeš se sa rogatim bosti; Šut s rogatim ne može

RUDA: Trčati (kao ždrijebe) pred rudu

RUGATI SE: Ko se drugom za šta ruga, ono će mu na vrat doći

RUKA: Ruka ruku mije (a obraz obadvije); Ruku koju ne možeš posjeći, valja je ljubiti; U ratara crne ruke, a bijela pogača; Više ruku više urade

S

SABUR: Sabur – selamet; Saburom je dženet pokriven

SAMAR: Dok je leđa, biće i samara

SAVRŠEN: Niko nije savršen

SELO: Koliko sela, toliko adeta

SIGURNO: Polako, ali sigurno;

Što je sigurno, sigurno je

SIJATI: Ko što posije, to i požnje; Kako posiješ, onako ćeš i požnjeti; Ne niči gdje te ne siju; Što posiješ, to ćeš i požnjeti

SILA: Čija sila, onoga i pravda; Čija sila, toga je i sud; Koji se hrt silom u lov vodi, onaj zeca ne hvata; Milom ili silom; Ne može ništa na silu; Sila boga ne moli

SITO: Novo sito o klinu visi; Novo sito samo sije

SIROTINJA: Sirotinja nema srodstva; Sirotinja nije grijeh; Sirotinjo, i bogu si teška!

SJEDITI: Pokraj furune sjedeći ništa se ne dobija; Ne može se sjediti na dvije stolice;

SJEME: Kakvo sjeme, onakav i plod

SJETITI SE: Sjetila se prelja kudelje uoči nedelje

SKOČITI: Prvo skoči, pa reci: "Hop!"

SLAMKA: U tuđem oku vidi slamku, a u svome grede ne vidi; Davljenik se i za slamku hvata

SLIKA: Našla slika priliku

SLOGA: Teško domu u kom sloge nema

SLIJEPAC: Ako slijepac slijepca vodi, obadva će u jamu pasti; Slijepca za put i budalu za savjet ne treba pitati

SMIJATI SE: Ko se zadnji smije, najslađe se smije

SMOKVA: Slađa smokva preko plota

SMRDITI: Ne diraj u govno da ne smrdi; Niti smrdi, niti miriše; Novac ne smrdi

SMRT: Bilo bi ga (te...) dobro po smrt poslati; Bolja je poštena smrt nego nepošten (sramotan) život; Čovjek se do smrti uči; Da te čovjek po smrt pošalje, naživio bi se; Dan po dan, dok i smrt za vrat; Dvije smrti ne čekaju, a jedna ne manjka; Jednoga smrt, drugoga uskrs; Nema smrti bez sudnjega dana; Od smrti se ne otkupi; Sa ljudima ni smrt nije strašna; Smrt ne pazi (bira) ni staro ni mlado; Tebe ću po smrt poslati kad mi bude trebala; U smrti su svi jednaki;

SNAGA: Snaga na usta ulazi

SNIJEG: Ne pada snijeg da pomori svijet, nego da svaka zvjerka svoj trag pokaže; Stalo (nekome do nečega) kao do lanjskog snijega

SO: Čovjek čovjeka ne može poznati dok sa njim džak soli ne izjede

SOKO: Bolje je kukavicu u ruci no sokola u planini (imati); Bolje svračak u ruci nego soko u planini; Gdje je sova (vrana) izlegla sokola?; Iz vrane šta ispadne, teško soko postane; Kad nema sokola i kukavici se veseli; Sova nikad ne rodi sokola; Na sokolu je malo mesa

SPAVATI: Ne može se spavati i pipune čuvati

SRCE: Boj ne bije svijetlo oružje, već boj bije srce u junaka; Hladne ruke, toplo srce; More se prozrijeti more, a čovječje srce ne more; Jedno na srcu, drugo na jeziku; Kuća (dom) je tamo gdje je srce; Medna je rječca, srce otrovno; Na jeziku med, a na srcu led; Što na srcu, to i na jeziku

SREĆA: Bez treće nije sreće; Bolji je dram sreće nego oka pameti; Od junačke glave sreća nije daleko; Srednja sreća je najbolja; Gdje je sreća, tu je i nesreća; gdje je nesreća, tu i sreće ima; Kolo sreće se okreće; Kome Bog sreće nije dao, onome je kovač ne može skovati; Treća sreća; Svako je kovač svoje sreće; Ustani, lijeni, Bog sreću dijeli

STARAC: Bez starca nema udarca

STAROST: Starost je teška

STRAH: U strahu su velike oči

STRAŠIV: Strašivi doma dolazi

STRPLJEN: Strpljen - spašen

SUD: Da je pamet do suda kao od suda; Okrnjen sud mnogo stoji

SUDBINA: Od sudbine ne možeš pobjeći

SUĐENO: Nije kome rečeno, nego kome suđeno

SUĐENJE: Od suđenja se ne može uteći

SULTAN: Kad sultan nazebe, raja kiše

SUNCE: Doći će sunce i pred naša vrata; Iza zime toplo, iza kiše sunce (biva); Poslije kiše sunce sija; Sunce svima sja

SUPROTNOST: Suprotnosti se privlače

SVAČIJI: Što je svačije, to je ničije

SVANUTI: Dok jednom ne smrkne, drugom ne svane; Jednom smrklo, drugom svanulo

SVETAC: Kome je Bog otac, lako mu je biti svetac; Prema svecu i tropar

SVIJET: Mimo svijet, ni ubi' Bože, ni pomozi Bože; Niko ne može cijelom svijetu kolača namijesiti; Niko se nije rodio da je svijetu ugodio; Ništa nije novo na svijetu; Otkako je svijeta i vijeka; Neće svijet propasti; Nije smak svijeta; Svašta na svijetu; Sve sa svijetom; Svijet je mali

SVINJA: Biser ne valja pred svinje bacati; Ko se miješa sa tricama, pojedu ga svinje

SVOJ: Svak svoje traži

Š

ŠALA: U svakoj šali pola istine (zbilje)

ŠEVA: Bolje je danas pečena ševa nego sutra ćurka

ŠIŠATI: Ko te šiša (kad nisi iz Niša)

ŠTEDIŠA: U radiše svega biše, u štediše jošte više

ŠTEDNJA: Štednja je prvo tečenje

ŠTENE: Ko neće moje štene, ne treba ni mene

ŠUMA: Glad i kurjaka iz šume istjera; Od drveća ne vidi šumu; U šumu drva nosi

ŠUTNJA: Šutnja je zlato; Šutnja je znak odobravanja

T

TANAK: Dok je šiba tanka, treba je ispravljati; Gdje je tanko, tamo se i kida

TAKAV: S kim si, takav si; Takav sam, kakav sam; Tako je, kako je

TEŠKO: Što se mora nije teško

TIJELO: U zdravom tijelu - zdrav duh;

TIKVA: Doći će tikva na vodu; Ja tikvu u vodu, a tikva iz vode; Koja tikva često ide na vodu, razbiće se; Prazna tikva na vjetru svira; Tikva pošla, tikva došla

TRAVA: Svako za se svoju travu pase

TRAŽITI: Ko što traži, naći će; Što tražiš, to i nađeš

TRN, TRNJE: Iz malena se trn oštri; Nema ruže bez trnja; Vidi trn u tuđem oku, a ne vidi brvno u svom

TRPITI: Papir sve trpi; Šuti i trpi

TRUO: Nešto je trulo u državi Danskoj

TUĐI: Blago onom ko se tuđom štetom opameti, a teško onom koji svojom mora; Čuvaj ti mene od svoga, a od tuđega ću se ja sam (čuvati); Ko meće prst među tuđa vrata, otkinuće mu; Ko se tuđem zlu veseli, nek' se svome nada; Komad u tuđoj ruci je svagda veći; Lako je tuđim rukama za vrelo gvožđe hvatati; Od tuđega tuga bije; Tuđa koka ćureća jaja nosi; Tuđa rana ne boli; Tuđa ruka svrab ne češe; U tuđe krave veliko vime; U tuđoj kozi više loja

U

UBOŠTVO: Uboštvo nije sramota

UČINJENO: Rečeno - učinjeno

UČITI: Čovjek se uči dok je živ (pa opet lud umre); Ko uči, taj i nauči; Na greškama se uči; Za nevolju i medvjed nauči igrati

UGALJ: Potajni ugalj najgore ožeže

UHO: Na jedno uho ušlo, na drugo izašlo

UKUS: O ukusima se ne raspravlja

UM: Što na umu, to na drumu; Um caruje, snaga klade valja

UMJETI: Ko što umije, sramota mu nije; Ko umije, njemu dvije; Ne umije magarac plivati, dokle mu voda do ušiju ne dođe

UMRIJETI: Jednom se rađa, a

jednom umire; Jednom se umire; Ko nožem podire, od noža umire; Ko se rađa i umire; Sve znam, ma ne znam kad ću umrijeti

UPOZNATI: Dok s nekim vreću brašna ne pojedeš, ne možeš ga upoznati

USLUGA: Usluga za uslugu

USTA: Iz tvojih usta, pa u Božje uši; Niko ne može natkati marama da cijelom svijetu usta poveže

UZETI: Uzmi ili ostavi; Uzimalo davalo, s kokošima (kučićima, mačićima) spavalo (kokoši ga litale)

V

VATRA: Gdje ima dima, ima i vatre; Iskra užeže veliku vatru; Ko se dima ne nadimi, taj se vatre ne ogrije (on se ognja ne ogrije); Ko se igra s vatrom mora da se opeče; Traži vatre na lanjskom ognjištu; Voda i vatra su dobre sluge, ali zli gospodari

VELIČINA: Veličina nije bitna

VELIK: Od pruta biva veliko drvo

VESLO: Zbog jednog vesla brod ne ostaje

VEZIR: Danas vezir, sutra rezil

VIDJETI: Kad oko ne vidi, srce ne žudi; Ne reci: neka! dok ne vidiš na trpezi; Što čuješ, ne vjeruj; što vidiš, to vjeruj

VIJEST: Nema vijesti - dobra vijest

VIKA: Mnogo vike ni oko čega

VIŠAK: Od viška glava ne boli

VIŠE: Što više, to bolje

VJETAR: Ko se odveć vjetra plaši, nek ne ide na more; Ko vjetar sije, buru žanje

VLADATI: Zavadi, pa vladaj

VLAKNO: Vlakno po vlakno – runo

VLAST: Ako hoćeš koga da poznaš, podaj mu vlast (u ruke)

VOĆE: Zabranjeno voće je najslađe

VODA: Kud je voda jednom tekla, opet će poteći; Lonac ide na vodu dok se ne razbije; Navodi vodu na svoju vodenicu; Ni voda, ni vino; Suhoj zemlji i slana voda je dobra; Što voda donijela, voda odnijela; Tiha voda bregove valja; Tiha voda brijeg roni; U mutnoj vodi se riba lovi; Vodu koju ćeš piti nemoj mutiti

VOLJA: Od dobre volje nema ništa bolje

VOLJETI (SE): Ko se bije, taj se voli; Ko šta voli, nek' izvoli

VOZ: Prošao voz

VRABAC: Bolje vrabac u ruci nego golub na grani; Bolje vrabac u ruci nego zec u šumi; Ko se boji vrabaca, nek' ne sije proje

VRAG: Ko s nepravdom steče,

s vragom rasteče; Ko s vragom tikve sadi, o glavu mu se lupaju; S vragom došlo, s vragom i otišlo

VRANA: Ko je srećan i vrane mu jaja nose; Vrana vrani oči(ju) ne vadi

VRANAC: Doći će vranac u tijesan klanac

VRAT: Da čovjek zna gdje će vrat slomiti, nikada ne bi tuda prošao; Ko žurio, vrat slomio; Nije šija nego vrat

VRATA: Doće maca na vratanca; Gdje se jedna vrata zatvaraju, sto drugih se otvaraju

VRBA: Na vrbi svirala; Kad na vrbi rodi grožđe

VRIJEDITI: Ne vrijedi ni lule duhana; Ne vrijedi ni pišljiva boba; Ne vrijedi plakati nad prolivenim mlijekom

VRIJEME: Drugo vrijeme, drugi običaji; Novo vrijeme, novi običaji; Sve u svoje vrijeme; Vrijeme će reći; Točak vremena ne može se vratiti; Vremena se mijenjaju; Vrijeme gradi niz kotare kule, vrijeme gradi, vrijeme razgrađuje; Vrijeme je novac; Vrijeme leti; Vrijeme liječi sve rane; Vrijeme nikog ne čeka

VUK: Ako u selu, Turci, ako u polju, vuci; Čovjek je čovjeku vuk; I vuk sit i ovce na broju; Ko s vukom druguje mora zavijati; Krsti vuka, a vuk u goru; Mi o vuku, a vuk na vrata; Na vuka

vika, a iza vuka lisice vuku; Na vuka vika, a lisice meso jedu; Pod janjećom kožom mnogo puta vuk leži (često se vuk krije); Vuk dlaku mijenja, a ćud nikada (ali ćud nikako); Vuk na vuka ni u gori neće; Vuk uvijek u šumu gleda

Z

ZAGREB: Martin u Zagreb, Martin iz Zagreba

ZAKRPA: Našla krpa (vreća) zakrpu

ZAMRSITI: Ako si zamrsio, sam i odmrsi

ZANAT: Sve, sve, ali zanat

ZANATLIJA: Zanatliju posao pokazuje

ZATVOR: Za neću se ide u zatvor

ZAO: Od zla oca, još od gore majke (ne mogu ni djeca biti valjana)

ZBOR: Od zbora do tvora - ima prostora; U mnogo zbora malo stvora

ZBORITI: Zbori pravo, sjedi gdje ti je drago

ZDRAVLJE: Zdravlje je najveće blago (najveći raj) ovoga svijeta; Zdravlje je najveće bogatstvo; Bez zdravlja nema bogatstva; Čistoća je pola zdravlja; Smijeh je zdravlje

ZEC: Bolji je jedan zec u čanku

nego dva u polju; Koga su kurjaci tjerali, taj se i zečeva plaši; Posao nije zec, neće pobjeći; U tom grmu leži zec; Siječe ražanj, a zec u šumi

ZELEN: Da se za zelen bor uhvatim, i on bi se zelen osušio

ZEMLJA: Danas čovjek, sutra crna zemlja; Oni su kao nebo i zemlja; Meso pri kosti, a zemlja pri kršu (valja); Nebo visoko, a zemlja tvrda; Upoznaj svoju domovinu (zemlju) da bi je više volio; U crnoj zemlji bijelo žito rodi; Zaklela se zemlja raju da se svake tajne znaju

ZID: I zid ima uši i plot ima oči; I zidovi imaju uši; Ne može se glavom kroz zid

ZJATI: Da je tkati kao zjati (sve bi Sarajke svilene košulje nosile)

ZLATAN: Svaki zanat je zlatan; Zlatan ključić i carev grad otvori; Zlatan ključić i željezna (gvozdena) vrata otvara; Zlatan lanac slobodu ne pruža

ZLATO: Dobar savjet zlata vrijedi; Nije zlato sve što sija (nije pećina sve što zija); Za čisto zlato rđa ne prijanja; Zlato se u vatri probira, a čovjek u nevolji; Zlatu će se kujundžija naći; Zna se zlato i u đubretu

ZLO: Od dva zla izaberi manje; Ne daj, Bože, većeg zla; Nije čiko ostario u sreći ležeći već od zla bježeći; Sastalo se zlo i gore da se malo porazgovore; Svako zlo ima svoje dobro; Zlo se čuje dalje nego dobro;

ZMIJA: Koga je zmija ujela, i guštera se boji

ZNANJE: Znanje je pravo imanje, Bolje je znanje nego imanje; Od znanja glava ne boli

ZNATI: Bolje je znati nego imati; Ko zna bolje, široko mu polje!; Ko zna zašto je to dobro?; Kaži mi s kim si da znam ko si; Ko ne zna sebi, ne zna ni drugome; Nikad se ne zna

ZORA: Nije ničija do zore gorila; Jednom će i nama zora svanuti; Ne može svanuti prije zore

ZRNO: Zrno po zrno pogača, kamen po kamen palača; Zrno po zrno, eto pogača; dlaka po dlaka, eto bjelača; kaplja po kaplja, eto Morača; Mnogo zrna gomilu načine

ZUB: Poklonjenom konju se u zube ne gleda; Što pređe preko devet zuba, ode preko devet brda

Ž

ŽABA: Ne miješaj žabe i babe; Teško žabu u vodu natjerati; Vidjela žaba da se konj potkiva, pa i ona digla nogu

ŽEDAN: Žedan i mutnu vodu pije; Žedan konj mutnu vodu ne gleda

ŽENA: Ne stoji kuća na zemlji,

nego na ženi; Od oca sermiju, a od Boga ženu; Tri žene i jedna guska čine vašar

ŽETVA: Kakva sjetva, takva žetva

ŽIV: Živ mi Todor da se čini govor

ŽIVJETI: (Samo) jednom se živi; Živi, i pusti druge da žive; Živi-bili, pa vidjeli; Živi prosto – doživjećeš sto; Živio, kapu nakrivio

ŽIVOT: Uzmi sve što ti život pruža; Život je kratak; Život je nekome majka, a nekome maćeha; Život je takav, čupav i dlakav; Život je težak; Život teče dalje

ŽUT: Žuti žutuju, a crveni putuju

Index des proverbes et dictons français

A

ABÎME: L'abîme apelle l'abîme → Nesreća nikad ne dolazi sama

ABSENCE: L'absence est l'ennemi de l'amour → Kad se dva petka sastanu zajedno

ACCOMODER (S'): Mieux vaut s'accomoder que plaider → Dogovorna je najbolja

ACHETER: Mieux vaut acheter qu'emprunter → Dug je zao drug

ACTIVITÉ: L'activité est mère de prospérité → Ko radi, ne boji se gladi

AFFAIRE: À demain les affaires (sérieuses) → Udri brigu na veselje; Affaire à tout le monde, affaire à personne → Što je svačije, to je ničije; Son affaire est faite → Lija lija, pa dolija; Ceux qui n'ont point d'affaires s'en font → Trla (prela) baba lan da joj prođe dan; Que chacun se mêle de ses affaires → Neka svako gleda svoja posla

AFFECTION: L'affection aveugle la raison → Ljubav je lijepa, al'je slijepa

ÂGE: L' âge n'est fait que pour les chevaux → Godine nisu važne; L' âge ne compte pas → Godine nisu važne; Chaque âge a ses plaisirs (son esprit et ses mœurs) → Nikad nije kasno da se ljubi strasno; On apprend à tout âge → Čovjek se uči dok je živ (pa opet lud umre); On a l'âge de ses artères → Čovjek je star onoliko koliko se staro osjeća; La sagesse vient avec l'âge → Što si stariji, to si pametniji; Le monde parle, l'eau coule, le vent souffle et l'âge s'ecroule → Vrijeme gradi niz kotare kule, vrijeme gradi, vrijeme razgrađuje

AGNEAU: Il arrive que l'agneau devient enragé → I strpljenju dode kraj; D'où vient l'agneau, là retourne la peau → Ko s nepravdom steče, s vragom rasteče; Sous la peau d'un agneau souvent se cache un loup → Pod janjećom kožom mnogo puta vuk leži (često se vuk krije); → Ne confiez pas votre agneau à qui en veut la peau → Ne valja jarca za baštovana namjestiti

AIDE: Un peu d'aide fait grand

bien → Više ruku više urade

AIDER: Aide-toi, le ciel <Dieu> t'aidera → Pomozi sam sebi, pa će ti Bog pomoći

AIGLE: L'aigle n'engendre pas la colombe → Gdje je sova (vrana) izlegla sokola?; L'aigle ne chasse pas les mouches → Orao ne lovi muhe.

AIL: Qui se frotte a l'ail ne peut sentir la giroflée → Ko s vragom tikve sadi, o glavu mu se lupaju

AIMER: Aimer n'est pas sans amer → Ljubav je puna i meda i jeda; Ce qu'on aime est toujours beau → Svakom svoje lijepo; Quand on n'a pas ce qu'on aime, il faut aimer ce qu'on a → Ako ne možemo kako hoćemo, mi ćemo kako možemo; Si vous n'aimez pas ça, n'en dégoûtez pas les autres → Ako nećeš, ti poljubi pa ostavi; Qui m'aime, aime mon chien → Ko neće moje štene, ne treba ni mene; Qui aime Bertrand (Martin), aime son chien → Ko neće moje štene, ne treba ni mene; Qui aime bien châtie bien → Ko se bije, taj se voli; Nul n'est de tous aimé ni de tous haï → Niko se nije rodio da je svijetu ugodio

ALFRED: T'a le bonjour d'Alfred! → Široko ti polje!

ALLER: Quand il faut y aller, faut y aller → Kad se mora, mora se; Qui va doucement va sûrement → Ko polako ide, brže stigne (prije doma dođe); Qui va lentement va sûrement; qui va sûrement va loin → Ko polako ide, brže stigne (prije doma dođe); Chi va piano va sano (It.) → Ko polako ide, brže stigne (prije doma dođe)

ALOUETTE: L'alouette en main vaut mieux que l'oie qui vole → Bolje vrabac u ruci nego golub na grani; Les alouettes lui tombent rôties dans la bouche → Ko je srećan i vrane mu jaja nose; Il attend que les alouettes lui tombent toutes rôties dans le bec → Ne padaju iz neba pečene mušmule (ševe); Les alouettes rôties ne se trouvent pas sur les haies → Nema raka bez mokrih gaća

ÂME: Une âme saine (Un esprit sain) dans un corps sain → U zdravom tijelu - zdrav duh

AMI: Ami de table est bien variable → Nesta vina, nesta razgovora, nesta blaga, nesta prijatelja; Amis valent mieux qu'argent → Gdje su prijatelji, tu je i bogatstvo; Au besoin on connaît l'ami → Prijatelj se u nevolji poznaje (kao zlato u vatri); Les bons comptes font les bons amis → Čist račun, duga ljubav; Deux amis à une bourse, l'un chante et l'autre grousse → Ako smo mi braća, nisu nam kese sestre; Dieu me garde de mes amis! Je me garderai de mes ennemis → Sačuvaj me, Bože, od prijatelja, a od neprijatelja čuvaću se sam; Dieu me garde de mes amis, quant aux ennemis, je m'en charge → Sačuvaj me, Bože, od prijatelja, a od neprijatelja čuvaću se sam; Il est bon d'avoir des amis partout → Dobro je i u paklu imati prijatelja; Les comptes courts font les amis longs → Čist račun, duga ljubav; Mieux vaut ami en voie que denier en courroie → Gdje su prijatelji, tu je i bogatstvo; On choisit ses amis, on subit sa famille → Sačuvaj me, Bože, od prijatelja, a od neprijatelja čuvaću se sam; Qui a un bon ami n'est pas pauvre → Gdje su prijatelji, tu je i bogatstvo; Qui prête aux amis perd au double → Dug je zao drug; Plus sont de compères que d'amis → Daj ti meni plačidruga, a pjevidruga je lako naći; Un petit lit et grand chemin se connaît l'ami et l'affin → Daj ti meni plačidruga, a pjevidruga je lako naći; Un bon ami vaut mieux que cent parents → Gdje su prijatelji, tu je i bogatstvo; Vieux amis et vieux écus sont les meilleurs → Više vrijedi jedan stari prijatelj nego nova dva; Amis vieux sont bons en tous lieux → Više vrijedi jedan stari prijatelj nego nova dva; Vin, or et ami vieux sont en prix en tous lieux → Više vrijedi jedan stari prijatelj nego nova dva; Elle demande de la laine à un âne → Kad ne može - ne može; D'un âne on ne peut demander de la viande → Kad ne može - ne može;

Les amis de nos amis sont nos amis → Prijatelj moga prijatelja je moj prijatelj; Les ennemis de nos ennemis sont nos amis → Prijatelj moga prijatelja je moj prijatelj; On connaît les bonnes sources dans la sécheresse, et les bons amis dans l'adversité → Prijatelj se u nevolji poznaje (kao zlato u vatri);

AMITIÉ: L'adversité est la pierre de touche de l'amitié → Prijatelj se u nevolji poznaje (kao zlato u vatri); Bonne amitié est une seconde parenté → Komšija bliži nego brat; Vieille amitié ne craint pas la rouille → Više vrijedi jedan stari prijatelj nego nova dva

AMOUR: L'absence est l'ennemi de l'amour → Daleko od očiju, daleko od srca; L'amour est aveugle → Ljubav je lijepa, al'je slijepa; Amour peut moult, argent peut tout → Para vrti gdje burgija neće; Amour, toux, fumée et argent ne peuvent se cacher longuement (longtemps) → Kašalj, šuga i ašikovanje ne može se sakriti; Après l'amour le repentir → Dala baba groš da uđe u kolo, dala bi dukat da izađe; Des soupes et des amours les premières sont les meilleures → Prva ljubav zaborava nema; L'amour naît du regard → Očima se ljubav kuje; Froides mains, chaudes amours → Hladne ruke, toplo srce; Il n'y a point de laides amours → Nije blago ni srebro ni zlato, već je blago što je srcu drago; L'amour fait perdre le repas et le repos → Ljubav je lijepa, al'je slijepa; On ne badine pas avec l'amour → Ljubav nije pura (šala); On ne vit pas d'amour et d'eau fraîche → Od ljubavi se ne živi; On revient toujours à ses premières amours → Prva ljubav zaborava nema; Querelles d'amants, renouvellement d'amour → Ko se bije, taj se voli; Rage d'amour est pire que le mal de dents → Ljubav je lijepa, al'je slijepa; Tout est permis dans la guerre et en amour → U ljubavi i ratu je sve dozvoljeno; Vieilles amours et vieux tisons s'allument en toutes saisons → Prva ljubav zaborava nema;

AN: Cent ans bannière, cent ans civière → Danas vezir, sutra rezil

ANCRE: Deux ancres sont bonnes au navire → Što je sigurno, sigurno je

ANDOUILLE: Quand les andouilles (les cons, les idiots) voleront, tu seras (il sera) chef d'escadrille → Mudra glava, šteta što je samo dvije noge nose (a ne četiri, kao živinče)

ÂNE: Âne avec cheval n'attèle → Konja s magarcem ne valja porediti; À l'âne l'âne semble très beau → Svakom svoje lijepo; À laver (blanchir) la tête d'un âne, on (n') y perd (que) sa lessive → Žali, Bože, tri oke sapuna, što poarči bula na

Arapa; Un âne ne trébuche pas deux fois sur la même pierre → Ko me jedanput prevari, ubio ga Bog; ko me dvaput prevari, ubio me Bog; Âne aux noces convié, eau et bois doit y porter → Ne zovu magarca na svadbu da igra, nego da vodu nosi; L'âne de tous est mangé des loups → Što je svačije, to je ničije; Âne du commun toujours le plus mal bâté → Što je svačije, to je ničije; L'âne frotte l'âne → Bozadžija za salebdžiju; (Avoir) le temps de tuer un âne à coups de figue (molle) → Trla (prela) baba lan da joj prođe dan; Ce que pense l'âne ne pense l'ânier → Ja derem jarca, a on kozu; Chantez à l'âne, il vous fera des pets → Hrani pašče da te ujede; Compte plutôt sur ton âne que sur le cheval de ton voisin → Uzdaj se u se i u svoje kljuse; être comme l'âne de Buridan → Ako u selu, Turci, ako u polju, vuci; Menez un âne à la Mecque, vous n'en ramènerez jamais qu'un âne → Manje jedi, pa kupi; Quand l'argent fault tout fault → Bez para ni u crkvu; Quand un âne va bien, il va sur la glace et se casse une patte → Da se za zelen bor uhvatim, i on bi se zelen osušio; Près des ânes, on attrape des coups de pieds → Ko s vragom tikve sadi, o glavu mu se lupaju

ANGLAIS: Encore un/une que les Anglais (les Allemands...) n'auront pas! → Došli gosti da oglođu kosti

ANGE: Au parler ange, au faire change → Ko ga ne zna, skupo bi ga platio

APPARENCE: Les apparences sont (souvant) trompeuses → Izgled vara

APPÉTIT: L'appétit assaisonne tout → Glad je najbolji kuhar (začin); L'appétit est le meilleur cuisinier → Glad je najbolji kuhar (začin); Pain dérobé réveille l'appétit → Gladnom psu i divljake slatke

APPORTER: Ce qu'apporte le flot s'en retourne avec le jusant → Kako došlo, onako i prošlo (tako i otišlo); Beau est qui vient et plus beau qui apporte → Nije beg cicija

APPRENDRE: On apprend en faillant → Na greškama se uči; Ce qu'on apprend au berceau, dure jusqu'au tombeau → Što dikla (na)vikla to nevjesta ne odviče

APPRIS: Nul ne naît appris et instruit → Niko se nije naučen rodio

ARBRE: L'arbre ne tombe pas du promier coup → Od jednog udara dub ne pada; L'arbre se redresse quand il est jeune → Drvo se savija dok je mlado; Les arbres cachent la forêt → Od drveća ne vidi šumu; Il est plus facile de plier un jeune plant que de redresser un arbre → Drvo se savija dok je mlado; C'est au fruit qu'on connaît l'arbre → Drvo se poznaje po plodu; La pomme ne tombe jamais loin de l'arbre → Iver ne pada daleko od klade; Tel arbre, tel fruit → Iver ne pada daleko od klade; Arbre trop souvent transplanté rarement fait fruit à planté → Koji se kamen često premeće, neće mahovinom obrasti

ARGENT: L'argent appelle l'argent → Para na paru ide; L'argent va à l'argent → Para na paru ide; L'argent ne pousse pas dans les arbres → Pare ne rastu na drvetu; L'argent est rond pour rouler; l'argent est plat pour s'entasser → Pare su da se troše; L'argent fait tout → Para vrti gdje burgija neće; Argent fait rage, amour, mariage → Para vrti gdje burgija neće; L'argent emprunté porte tristesse → Ko je dužan, taj je tužan; Bon marché fait argent débourser → Jeftino meso, čorba za plotom; Faute d'argent, c'est douleur non pareille → Puno je grad za dinar, kad dinara nema; Il n'ya rien de plus éloquent que l'argent comptant → Para vrti gdje burgija neće; Marteau d'argent ouvre porte de fer → Para vrti gdje burgija neće; On ne peut pas avoir (réclamer) le beurre et l'argent de beurre → Ne može i jare i pare; On ne peut pas avoir le drap et l'argent → Ne može i jare i pare; Qui a de l'argent a des pirouettes → Para vrti gdje burgija neće; Qui n'a point d'argent n'a point d'ami → Sirotinja nema srodstva; Selon l'argent, la besogne → Koliko para, toliko muzike

ARMÉE: Une armée marche sur son estomac → Snaga na usta ulazi

ARRAIGNÉE: L'araignée mange la mouche et le lézard l'araignée → I nad popom ima pop

ARRIVER: Ce qui doit arriver, arrivera → Što mora biti, biće; Cela n'arrive qu'aux autres → Neće grom u koprive; Plus on se presse, plus tard on arrive → Ko naglo ide, na putu ostaje, ko lakše ide, brže doma dolazi

ASSEMBLÉE: De douce assemblée, dure desservée → Hej, drugovi, je l' vam žao, rastanak se primakao

ASSEZ: Il n'y a point d'assez, s'il n'y a trop → Što više, to bolje; Trop n'est pas assez → Od viška glava ne boli; Rien n'a qui assez a → Od viška glava ne boli

ATTAQUE: L'attaque est la meilleure défense → Napad je najbolja odbrana

ATTENDRE (S'): Attendez à la nuit pour dire que le jour a été beau → Ne hvali dan prije večeri; Il est urgent d'attendre Il est urgent d'attendre → Posao nije zec, neće pobjeći; On compte les défauts de qui se fait attendre → Bilo bi ga (te...) dobro po smrt poslati; Ne t'attends qu'à toi seul (toi-même) → Uzdaj se u se i u svoje kljuse; Le temps n'attend personne → Vrijeme nikog ne čeka; Tout vient à point (à) qui sait attendre → Ko čeka, taj i dočeka

AUGURE: J'en accepte l'augure → Iz tvojih usta, pa u Božje uši

AUJOURD'HUI: Aujourd'hui c'est moi, demain ce sera toi → Danas ja, sutra ti; Aujourd'hui en chair, demain en bière → Danas jesmo, sutra nismo (a sutra nas nema); Aujourd'hui en fleurs, demain en pleurs → Danas jesmo, sutra nismo (a sutra nas nema); Aujourd'hui à moi, demain à toi → Danas meni, sutra tebi; Aujourd'hui maître, demain valet → Danas vezir, sutra rezil; Aujourd'hui roi, demain rien → Danas vezir, sutra rezil; Aujourd'hui chevalier, demain vacher → Danas vezir, sutra rezil

AUNE: Au bout de l'aune faut le drap → Top puče, bajram (božić) prođe; Ne mesurez pas autrui à votre aune → Ne mjeri drugoga svojim aršinom

AUTORITÉ: Ancienneté a autorité → Što si stariji, to si pametniji

AVARE: Un avare est toujours gueux → Kome nije na orahu, nije na tovaru (dosta)

AVARICE: Au diable l'avarice! → Kad je bal, nek je bal (maskenbal); L'avarice perd tout en voulant tout gagner → Ko hoće (traži) veće, izgubi i ono iz vreće

AVENIR: (Seul) l'avenir le dira → Vrijeme će reći; Le passé est garant de l'avenir → Sve se vraća, sve se plaća; L'avenir appartient à ceux qui se lèvent tôt → Ko rano rani, dvije sreće grabi; On ne sait jamais ce que l'avenir nous réserve → Ne zna se šta nosi dan a šta noć

AVERTI: Un homme averti en vaut deux → Ko se čuva, i Bog ga čuva; Qui dit averti, dit muni → Ko se čuva, i Bog ga čuva

AVEUGLE: Au royaume des aveugles, les borgnes sont rois → Među ćoravim ko ima jedno oko meću ga za cara; Si un aveugle conduit un aveugle, ils tomberont tous deux → Ako slijepac slijepca vodi, obadva će u jamu pasti; La justice est aveugle → Pravda je slijepa; Il ne faut pas changer un cheval borgne contre un aveugle → Prešao s konja na magarca; Ce n'est pas aux aveugles à juger les couleurs → Slijepca za put i budalu za savjet ne treba pitati

AVOIR: On ne peut avoir la bûchette et le cul chauffé → Ne može i jare i pare; Plus on en a plus on en veut → Kome nije na orahu, nije na tovaru (dosta); Plus on a, plus on veut avoir → Ko više ima, više mu se hoće; Qui n'a rien ne craint rien → Ko nema ništa, ne straši se od ništa; Qui plus a, plus convoite → Kome nije na orahu, nije na tovaru (dosta)

B

BAISER: Ça comence par un baiser, ça finit par un bébé → Gdje dvoje diše, treće se piše

BALAI: Il n'est rien tel que le balai neuf → Novo sito samo sije

BALLE: Il faut prendre la balle au bond → Ko umije, njemu dvije; Au bon joueur, la balle lui vient → Ko umije, njemu dvije

BAPTEME: Faire comme saint Jean qui donnait le baptême sans l'avoir reçu → Gdje bi jaje kokoš učilo

BARBE: La barbe ne fait pas l'homme → Brada narasla, a pameti ne donijela; En la grande barbe ne gît pas le savoir → Brada narasla, a pameti ne donijela; Barbe bien étuvée, barbe à demi rasée → Ko dobro počne, on je na pola radnje; La barbe ne fait pas le philosophe → Pop se ne bira po bradi, nego po glavi

BARBIER: Un barbier rase l'autre → Ruka ruku mije (a obraz obadvije)

BÂTON: Du bâton que l'on tient souvent on est battu → Batina ima dva kraja; Un bâton a deux bouts → Batina ima dva kraja; Bâton oisif, enfant abusif → Batina je iz raja izašla

BATTU: Autant vaut bien battu que mal battu → Ili ne pokušavaj, ili dovrši

BAUDET: Chante à un baudet, il te fera un pet → Hrani pašče da te ujede

BEAU: L'objet qu'on aime (Ce qu'on aime) est toujours beau → Nije blago ni srebro ni zlato, već je blago što je srcu drago; Il est assez beau qui a tous ses membres → Svako lice s nosom lijepo

BEAUTÉ: La feuille tombe à terre, ainsi tombe la beauté → Ljepota je prolazna; La beauté est une fleur éphémère → Ljepota je prolazna; La beauté ne sale pas la marmite → Ne jedu meso vuci po poruci

BELETTE: Petite belette reste toujours jeunette → Sitna koka pile dovijeka

BÉNÉFICE: Il faut prendre le bénéfice avec les charges → Ko se dima ne nadimi, taj se vatre ne ogrije (on se ognja ne ogrije)

BESOGNE: Besogne qui plaît est à demi faite → Od dobre volje nema ništa bolje

BESOIN: Le besoin apprend à l'homme → Nužda nauči i babu igrati; Besoin fait vieille trotter → Nužda nauči i babu igrati

BÊTE: Quand on est bête, c'est pour longtemps →Martin u Zagreb (Rim), Martin iz Zagreba (Rima); En parlant de la bête, on lui voit la tête → Mi o vuku, a vuk na vrata

BEURRE: Si tu veux du beurre il en faut battre → Ko se dima ne nadimi, taj se vatre ne ogrije (on se ognja ne ogrije)

BIEN: Abondance de biens ne nuit pas → Od viška glava ne boli; Bien mal acquis ne profit jamais → Oteto – prokleto; De bien mal acquis courte joie → Oteto – prokleto; Faites le bien et jetez-le dans la mer → Čini dobro, pa i u vodu baci; Bien donné ne se reprend pas → Uzimalo davalo, s kokošima (kučićima, mačićima) spavalo (kokoši ga litale); Je prends mon bien où je le trouve → Ko umije, njemu dvije; Le mieux est l'ennemi du bien → Ko hoće (traži) veće, izgubi i ono iz vreće; Prendre le bien quand il vient → Uzmi sve što ti život pruža; Peu de bien, peu de soucis → Ko nema ništa, ne straši se od ništa

BILLET: Ah, le bon billet qu'a Le Châtre!→ Obećanje - ludom radovanje

BLOC: Ce bloc enfariné ne me dit rien qui vaille → Ko ga ne zna, skupo bi ga platio

BŒUF: On lie les bœufs par les cornes et les hommes par les paroles → Čovjek se veže za jezik, a vo za rogove; Il ne faut pas mettre la charrue avant les bœufs → Trčati (kao ždrijebe) pred rudu; Faute de bœuf, on fait labourer son âne → Kad nema djevojke dobra je i baba; Mieux vaut promptement un œuf que demain un bœuf → Bolje je danas jaje nego sutra kokoš; Quand les bœufs vont à deux, le labourage en va mieux → Više ruku više urade; Vieux bœuf fait sillon droit → Bez starca nema udarca

BOIRE: Qui a bu, boira → Teško žabu u vodu natjerati

BOIS: Le bois tordu fait le feu droit → Ako je dimnjak nakrivo, upravo dim izlazi; Bois tordu ne se redresse pas → Ne može se kriva Drina ramenom ispraviti; Il ne faut pas aller au bois qui craint les feuilles → Ko se boji vrabaca, nek' ne sije proje; Il n'est feu que de gros bois → Bez starca nema udarca; On ne peut faire de bois tord droite flèche → Ne može se kriva Drina ramenom ispraviti; Touchons du bois → Da kucnem o drvo

BOÎTE: Dans les petites boîtes (les petits pots), les bons onguents → U maloj boci se otrov drži

BON: Il n'est si bon qui ne faille → I mudri nekad pogriješe

BONHEUR: L'argent ne fait pas le bonheur → Nije sve u parama

BONNET: C'est blanc bonnet et bonnet blanc → Nije šija nego vrat

BORGNE: Si ton ami est borgne, regarde-le de profil → Ni drveta bez grane, ni čovjeka bez mane

BOUCHE: Assez trouverez amis de bouche, mais bien peu sont amis de bourse → Ako smo mi braća, nisu nam kese sestre; Bouche de miel, cœur de fiel → Na jeziku med, a na srcu led; En bouche close n'entre mouche → Živ mi Todor da se čini govor; La bourse ouvre la bouche; Plati, pa klati

BOURSE: À bourse pleine, amis nombreux → Nesta vina, nesta razgovora, nesta blaga, nesta prijatelja; Petit profit emplit la bourse → Štednja je prvo tečenje; Un grand merci ne remplit pas la bourse Hvala je prazna plaća; Gouverne ta bouche selon ta bourse → Ne pružaj se dalje od gubera; Il faut aller selon sa bourse → Ne pružaj se dalje od gubera

BOUTEILLE: Le jeu et les bouteilles rendent les hommes égaux → Ne zna rakija šta je kadija

BRAVE: (Il n') y a pas d'heures pour les braves → Treba htjeti, treba smjeti (pa da vidiš kud se leti); Au danger on connaît les braves → Na muci se poznaju junaci

BREBIS: À brebis tondue, Dieu mesure le vent → Dok je leđa, biće i samara; Brebis qui bêle perd sa goulée → Ovca bleji, zalogaj gubi; Folle est la brebis qui au loup se confesse Ne valja jarca za baštovana namjestiti; Il faut tondre les brebis et non pas les écorcher → Dobroga je pastira posao (dužnost) ovce strići, a ne derati; Il ne faut qu'une brebis galeuse pour gâter le troupeau → Jedna šugava ovca svo stado ošuga; Brebis rogneuse fait souvent les autres teigneuses → Jedna šugava ovca svo stado ošuga; Quand les brebis enragent, elles sont pires que les loups → I strpljenju dođe kraj; Qui se fait brebis, le loup le mange → Ko se ovcom učini, kurjaci ga izjedu; Brebis trop apprivoisée de trop d'agneaux est tétée → Ko se ovcom učini, kurjaci ga izjedu

BRUIT: Beaucoup de bruit pour rien → Mnogo vike (buke) ni oko čega; Tel bruit, tel écho → Kakav pozdrav, onaki i odzdrav; Les tonneaux vident sont ceux qui font le plus de bruit → Prazno bure više zveči

BRÛLER: De trop près se chauffe qui se brûle → Ko se igra s vatrom mora da se opeče

C

CAGE: La belle cage ne nourrit pas l'oiseau → Zlatan lanac slobodu ne pruža

CALOMNIER: Calomniez, calomniez: il en reste toujours quelque chose → Kriv što je živ

CAMELOT: Quand le camelot a pris son plis, c'est pour tojours → Ko ga ne zna, skupo bi ga platio

CAROTTE: Les carottes sont cuites → Prošao voz

CASSE: Passez-moi la casse (rhubarbe), je vous passerai le séné → Ti meni, ja tebi

CASSER: Qui casse les verres, les paie → Kusaj šta si udrobio

CASSEUR: Les casseurs seront les payeurs → Kusaj šta si udrobio

CAUSE: Petites causes, grands effets → Od male iskre velika vatra

CAUSER: Cause toujours (tu m'intéresses) → Ko te šiša (kad nisi iz Niša)

CHAGRIN: Chagrin partagé est moins lourd à porter → Sa ljudima ni smrt nije strašna

CHANCE: Chance vaut mieux que bien jouer → Bolji je dram sreće nego oka pameti; Chance passe science → Bolji je dram sreće nego oka pameti; Une once de chance vaut mieux qu'une livre de savoir faire → Bolji je dram sreće nego oka pameti; Il n'y a chance qui ne rechange → Ko bi gori, sad je doli (a ko doli, gori ustaje)

CHANGER: Plus ça change, plus c'est la même chose → Sjaši

Kurta da uzjaši Murta

CHANSON: L'air ne fait pas la chanson → Izgled vara

CHANTER: Quand le rossignol a vu ses petits, il ne chante plus → Mala djeca mala briga; velika djeca velika briga; Chanter toujours la même chanson → Ko o čemu, baba o uštipcima; Il ne faut pas chanter le magnificat à matines → Ne šije se marama uoči Bajrama; Qui chante, ses maux épouvante → Ko pjeva, zlo ne misli; Il ne faut pas chanter le triomphe avant la victoire → Prvo skoči, pa reci: "Hop!"

CHAMPS: En petit champ croît bon blé → Malena je 'tica prepelica, al'umori konja i junaka

CHAPEAU: T'occupe pas du chapeau de la gamine! → Ne niči gdje te ne siju

CHAPON: Qui chapon mange, chapon lui vient → Para na paru ide; Qui mange chapons, perdrix lui vient → Para na paru ide

CHARITÉ: Charité bien ordonnée commence par soi-même → Bog je prvo sebi bradu stvorio

CHARRETIER: Il n'est si bon charretier (chartier) qui ne verse → I pop u knjizi pogriješi

CHASSE: Qui va à la chasse perd sa place → Koga nema, bez njega se može

CHASSER: Qui bien chasse, bien trouve → Ko što traži, naći će

CHASSEUR: Le chasseur paresseux n'a pas de gibier à rôtir → Ustani, lijeni, bog sreću dijeli

CHAT: À bon chat, bon rat → I mi konja za truku imamo; Chat miauleur ne fut jamais bon chasseur, non plus que sage homme grand caqueteur → U mnogo zbora malo stvora; Chat et chaton chassent le raton → Kakav otac, takav sin; Un vieux chat aime les jeunes souries I stara ovca so liže; appeler un chat un chat → Reci bobu bob, a popu pop; Il a acheté chat en poche → Kupio mačka u džaku (vreći); La nuit, tous les chats sont gris → Noću je svaka mačka (krava) siva; Qui naqui chat court après les souries → Teško žabu u vodu natjerati; Quand le chat n'est pas là, les souris dansent → Kad mačka ode miševi kolo vode; Chat échaudé craint l'eau froide (ne revient pas en cuisine) → Ko se jednom opeče i na hladno puše

CHEF: Trop de chefs, pas assez d'Indiens → Dva (Tri) hajduka, devet kapetana

CHEMIN: À chemin battu, il ne croît point d'herbe → Što je svačije, to je ničije; Il ne faut pas aller par quatre chemins → Ako u selu, Turci, ako u polju, vuci; Le chemin le plus long est quelquefois le plus court → Preko preče, naokolo bliže

CHEMISE: La chemise est plus proche que le pourpoint → Košulja je preča od kabanice; La peau est plus proche que la chemise → Košulja je preča od kabanice; À pisser contre le vent, on mouille sa chemise → Nebojšu najprije psi ujedu

CHÊNE: D'un petit gland sourd naît un grand chêne → Od pruta biva veliko drvo; Petit homme abat grand chêne → Malena je 'tica prepelica, al' umori konja i junaka

CHERCHER: Chacun cherche son semblable → Svak svoje traži; Demandez et l'on vous donnera, cherchez et vous trouverez, frappez et l'on vous ouvrira → Dok ne pokucaš, neće ti se otvoriti; Tel qui cherche de la laine s'en retourne tondu → Jedan prob'o, pa se usr'o; Cherchez et vous trouverez → Ko što traži, naći će; Qui cherche, trouve → Ko što traži, naći će

CHÈRE: Grande chère, petit testament → Manje jedi, pa kupi; Il n'est chère que de vilain → Nije beg cicija

CHEVAL: À cheval donné on ne regarde pas la bouche (la bride, les dents) → Poklonu se u zube ne gleda; À grand cheval, grand gué → Velike ribe veliku vodu traže; Il n'est si bon cheval qui ne bronche → I guska katkad na ledu posrne; Il n'est si bon cheval qui ne devienne rosse → Ljepota

222

je prolazna; Il vaut mieux être cheval que charrette → Ko na brdu ak' i malo stoji, više vidi no onaj pod brdom; Celui qui ne s'aventure n'a ni cheval ni voiture → Ko ne riskira ne dobija; Il est trop tard de fermer l'écurie quand le cheval s'est sauvé → Nakon boja kopljem u trnje; Méchant poulain peut devenir bon cheval → Od plašljiva ždrijebeta mnogo puta dobar konj izađe.

CHEVALIER: Nul chevalier sans prouesse → Svako je lud na svoj način; Chaque chevalier parle de ses armes → Svaki Cigo svoga konja hvali

CHEVEUX: Cheveux longs, idées courtes → Duga kosa, kratka pamet; La femme est un animal à cheveux longs et à idées courtes → Duga kosa, kratka pamet

CHÈVRE: À la chandelle, la chèvre semble demoiselle → Noću je svaka mačka (krava) siva; On ne peut pas ménager la chèvre et le choux → I vuk sit i ovce na broju; On ne peut sauver la chèvre et le choux → I vuk sit i ovce na broju; Où la chèvre est attachée il faut qu'elle broute → Svako za se svoju travu pase; Quand la chèvre saute au chou, le chevreau y saute itout → Kakav otac, takav sin

CHIEN: Le chien attaque toujours celui qui a les pantalons déchirés → Da se za zelen bor uhvatim, i on bi se zelen sasuišio; Il viendra un temps où les chiens auront besoin de leur queue → Vodu koju ćeš piti nemoj mutiti; Bon chien chasse de race → Kakav otac, takav sin; Les chiens ne font pas les chats → Gdje je sova (vrana) izlegla sokola?; Chien qui aboie ne mord pas → Pas koji laje, ne ujeda; Il est comme le chien du jardinier (il ne mange point de choux et ne veut pas que les autres en mangent) → Niti pas kosku glođe, niti je drugom daje; Il vaut autant etre mordu d'un chien que d'une chienne → Ta se u bari, ta u moru udavio; Un chien regarde bien un évêque → I mačka cara gleda (pa ga se ne boji); Il faut caresser le chien jusqu'au tas de pierres → Ruku koju ne možeš posjeći, valja je ljubiti; Il ne faut pas se moquer des chiens qu'on ne soit hors du village → Trčati (kao ždrijebe) pred rudu; Il ressemble aux grands chiens il veut pisser contre la muraille → Vidjela žaba da se konj potkiva, pa i ona digla nogu; Petit chien, belle queue → U maloj boci se otrov drži; Il n'est chasse que de vieux chiens → Bez starca nema udarca; Il faut caresser le chien jusqu'au tas de pierres → Kokoš pije, a na nebo gleda; Jamais bon chien n'aboie à faux → Kad stari pas laje, valja vidjet šta je; Qui veut noyer son chien, l'accuse de la rage → Koje pseto hoće da ubiju, poviču:

bijesno je; Qui veut frapper son chien facilement trouve un bâton → Koje pseto hoće da ubiju, poviču: bijesno je; Qui hante chiens, puces remporte → Ko sa psima liježe, pun buha ustane; Qui se couche avec les chiens se lève avec les puces → Ko sa psima liježe, pun buha ustane; Les chiens aboient (Le chien aboie), la caravane passe → Psi laju, karavani prolaze; Un chien ne s'élève pas le jour de la chasse → Prase se ne goji (tovi) uoči Božića; Chien sur son fumier est hardi → Svaki pijevac na svom bunjištu jači

CHOISIR: Qui veut choisir, souvant prend le pire → Probirač nađe otirač

CHOSE: appeler les choses par leur nom → Reci bobu bob, a popu pop; Chaque chose en son temps → O tom, potom; Chose défendue et prohibée est souvent la plus désirée → Zabranjeno voće je najslađe; Chose promise, chose due → Obećanje - sveto dugovanje; Chose acquise facilement ne se garde chèrement → Kako došlo, onako i prošlo (tako i otišlo)

CHUTE: Grande montée, grande chute → Ko visoko leti nisko pada

CIEL: Le ciel est haut et le tsar est loin → Bog visoko, a car daleko; Si le ciel tombait, il y aurait bien des alouettes prises → Da imamo brašna, ko što nemamo masla, pa još u selu tepsiju da posudimo, što bismo dobru pogaču ispekli

CIGALE: Il ferre les cigales

CLOU: Faute d'un clou on perdit un royaume → Ekser drži potkov, potkov konja, konj junaka, junak grad, a grad zemlju; Un clou chasse l'autre → Klin se klinom izbija (a sjekira oba)

COCHON: On ne peut pas avoir le lard et le cochon → Ne može i jare i pare; Se demander si c'est du lard ou du cochon → Niti smrdi, niti miriše

COLÈRE: Craignez la colère de la colombe → I strpljenju dođe kraj

CŒUR: À cœur vaillant rien d'impossible → Boj ne bije svijetlo oružje, već boj bije srce u junaka; Belle chère et cœur arrière → Spolja gladac, iznutra jadac; Entre les deux, mon cœur balance → Ako u selu, Turci, ako u polju, vuci; Le cœur d'un homme est un abîme → More se prozrijeti more, a čovječje srce ne more; Le chemin vers le cœur (d'un homme) passe par son estomac → Ljubav na usta ulazi; Il a le cœur sur les lèvres → Što na umu, to na drumu; Cœur oublie ce qu'œil ne voit → Kad se dva petka sastanu zajedno; Où le cœur aime, là est le foyer → Kuća (dom) je tamo gdje je srce

COLÈRE: La colère est mauvaise conseillère → Srditu popu prazne bisage

COMMENCEMENT: Il y a un commencement à tout → Svaki početak je težak

COMMENCER: Chose bien commencée est à demi achevée → Napola je učinio ko je dobro počeo; Ce qui est bien commencé, est à demi achevé → Dobar početak - lak svršetak; En commençant, pense à finir → Ili ne pokušavaj, ili dovrši; Il faut commencer avant achever → Ili ne pokušavaj, ili dovrši; Contre fortune bon cœur → U nevolji ne treba plakati nego lijeka tražiti; Qui bien commence bien avance → Napola je učinio ko je dobro počeo; À moitié fait qui commence bien → Napola je učinio ko je dobro počeo

COMPAGNIE: Il n'y a si bonne compagnie qui ne quitte → Hej, drugovi, je l' vam žao, rastanak se primakao; Par compagnie on se fait pendre → U društvu se i pop oženio; Il vaut mieux etre seul qu'en mauvaise compagnie → Ko sa psima liježe, pun buha ustane; Le temps passe vite quand on est en bonne compagnie → I nikom nije ljepše neg' je nam (samo da je 'vako svaki dan)

COMPARAISON: Les comparaisons sont odieuses → Ne miješaj žabe i babe

COMPLAIRE: On ne peut

complaire à tous → Niko se nije rodio da je svijetu ugodio

COMPRENDRE: Il comprend vite, mais il faut lui expliquer longtemps → Mudra glava, šteta što je samo dvije noge nose (a ne četiri, kao živinče)

COMPTE: Son compte est bon → Doće maca na On ne peut contenter tout le monde et son père → Niko se nije rodio da je svijetu ugodio

COMPTER: Il ne faut pas compter avec ses amis → Nije beg cicija

CONSEIL: En conseil écoute le vieil → Što si stariji, to si pametniji; Ne méprise jamais un conseil utile de quelque part qu'il vienne → Dobar savjet zlata vrijedi; Quoique vous soyez vieux et sage, d'un bon conseil faites usage → Dobar savjet zlata vrijedi

CONTENTER: On ne peut contenter tout le monde et son père → Niko se nije rodio da je svijetu ugodio

CONTER: En conter de belles, de vertes et des pas mûres, de toutes les couleurs → Gdje je magla panj izvalila?

COQ: Coq chante ou non, viendra le jour → NIgdar ni bilo da ni nekak bilo; Un bon coq n'est jamais gras → Na sokolu je malo mesa

CORBEAU: Corbeaux avec corbeaux ne se crèvent jamais les yeux → Vrana vrani oči(ju) ne vadi; Jamais un corbeau n'a fait un canari → Gdje je sova (vrana) izlegla sokola?; Qui lave le corbeau ne le fait jamais blanc → Žali, Bože, tri oke sapuna, što poarči bula na Arapa

CORBILLARD: Il vaut mieux arriver en retard qu'arriver en corbillard → Bolje ikad nego nikad

CORDONNIER: Les cordonniers sont les plus mal chaussés → U krojača nikad hlača

CORSAIRE: À corsaire, corsaire et demi → Udario tuk na luk

CUISINE: Petite cuisine agrandit la maison → Manje jedi, pa kupi ; Grasse cuisine, maigre testament → Manje jedi, pa kupi

COULEUVRE: Couleuvre lovée ne peut être grasse → U ležećih prazna kuća

COURAGE: C'est dans les grands dangers qu'on voit un grand courage → Na muci se poznaju junaci; L'adversité est l'épreuve du courage → Na muci se poznaju junaci

COURIR: Ce n'est pas tout de courir, il faut partir à point → Sjetila se prelja kudelje uoči nedelje

COÛTER: Bon marché coûte cher (ruine) → Jeftino meso, čorba za plotom; Coûte que coûte → Šta košta da košta; Il n'en coûte rien de demander Ko pita, ne skita; Le premier accroc coûte X francs → Kusaj šta si udrobio

COUTUME: Une fois n'est pas coutume → Jednom kao nijednom

CRACHAT: Quand le guignon est à nos trousses, on se noie dans un crachat → Da se za zelen bor uhvatim, i on bi se zelen osušio

CRACHER: Ne crachez pas dans le puits, vous pouvez en boire l'eau → Vodu koju ćeš piti nemoj mutiti; Qui crache au ciel, il lui retombe sur le visage → Kad čovjek nada se pljune, na obraz će mu pasti

CRAPAUD: La bave du crapaud n'atteint pas la blanche colombe → Ko te šiša (kad nisi iz Niša)

CROCHET: On ne va pas aux mûres sans crochet → Bez alata nema zanata

CROIRE: Ne crois pas tout ce que tu oy → Što čuješ, ne vjeruj; što vidiš, to vjeruj

CROIX: Il faut l'aller chercher avec la croix et la bannière → Bilo bi ga (te...) dobro po smrt poslati; Chacun porte sa croix → Svako nosi svoj krst (križ)

CRUCHE: Tant va la cruche à l'eau qu'à la fin elle se brise → Lonac ide na vodu dok se ne razbije

CUILLÈRE: Sers-toi d'une longue cuillère pour dîner avec le diable→ Ko s vragom tikve sadi, o glavu mu se lupaju

CURÉ: C'est Gros-Jean qui en remontre (veut en remontrer) à son curé → Gdje bi jaje kokoš učilo?; Tel curé, telle paroisse → Kakav gospodar, onakav i sluga; Quand il pleut sur le curé, il dégoutte sur le vicaire → Kad sultan nazebe, raja kiše

CURIOSITÉ: La curiosité est un vilain défaut → Budala je ko hoće da zna šta se u svačijem lončiću vari

CUISINE: Chien échaudé craint la cuisine → Ko se mača lati, od mača će i poginuti

D

DAME: Les dames d'abord → Dame imaju prednost

DANGER: Qui craint le danger, ne doit pas aller en mer → Ko se odveć vjetra plaši, nek ne ide na more

DANSER: Il ne sait sur quel pied danser → Ako u selu, Turci, ako u polju, vuci

DÉ: Le dé (le sort) en est jeté → Kocka je bačena

DÉFAUT: Défaut reconnu est à moitié pardonné → Ko prizna, pola mu se prašta; Qui veut un cheval sans défaut doit aller à pied → Niko nije savršen

DÉLUGE: Ne remontez pas au déluge Za Kulina bana (i dobrijeh dana); Après nous (moi), le dèluge → Poslije nas potop

DEMAIN: Ce n'est pas (c'est pas) demain la veille → Kad na vrbi rodi grožđe; Demain il fera jour → Ima dana za megdana; Demain il sera trop tard → Sad ili nikad; Ne remets jamais à demain ce que tu peux faire aujourd'hui → Ne ostavljaj za sutra ono što možeš uraditi danas; S'il faut baiser le cul du chien tant vaut aujourd'hui que demain → Ne ostavljaj za sutra ono što možeš uraditi danas

DEMANDE, DEMANDER: Si on te le demande, tu diras que tu n'en sais rien → Kad porasteš, kaz'će ti se samo; À folle demande il n'y faut pas de réponse → Kako se pita, tako se i odgovara; Telle demande, telle réponse → Kako se pita, tako se i odgovara; Je (on) ne vous demande pas l'heure qu'il est → Ne niči gdje te ne siju

DEMEURE: Il n'y a pas péril en la demeure → Posao nije zec, neće pobjeći

DENT: Dents aiguës et ventre plat trouvent tout bon qu'est au plat → Glad je najbolji kuhar (začin); Les gourmands font leur fosse avec leurs dents → Više je ljudi pomrlo od jela i pića nego od gladi i žeđi; Il ne sert à rien de montrer les dents lorsqu'on est édenté → Nebojšu najprije psi ujedu; Qui a des dents n'a pas de pain, qui a du pain n'a pas de dents → Kad je brašna, nije masla; kad je masla, nije brašna; Tel a du pain quand il n'a plus de dents → Kad je brašna, nije masla; kad je masla, nije brašna

DÉPENSER: Qui dépense et ne compte pas, mange son bien et ne le goûte pas → Štednja je prvo tečenje

DÉSIRER: Chacun croit aisément ce qu'il craint et ce qu'il désire → Što je babi milo, to se babi snilo

DETTE: Qui paie ses dettes s'enrichit → Dug je zao drug; Qui paie ses dettes s'enrichit → Ko je dužan, taj je tužan

DEUX: Deux avis valent mieux qu'un → Dvojica više znaju nego jedan; Il y a plus d'esprit dans deux têtes que dans une → Dvojica više znaju nego jedan; Un tiens vaut mieux que deux tu l'auras → Bolje vrabac u ruci nego golub na grani; Deux patrons font chavirer la bargue → Gdje je puno baba kilava su djeca; Il faut être deux pour faire certaines choses → Za svađu je potrebno dvoje; Il faut être deux pour danser le tango → Za tango je potrebno dvoje; Qui court deux lièvres à la fois n'en prend aucun → Ko juri dva zeca odjednom, ne ulovi nijednog; Les deux font la paire → Našla krpa (vreća) zakrpu

DEVENIR: Entre tels, tel

deviendra → S kim si, takav si

DIABLE: À manger avec le diable, la fourchette n'est jamais trop longue → Ko s vragom tikve sadi, o glavu mu se lupaju; Au diable vauvert Bogu iza nogu (leđa); Ce qui vient du diable retourne au diable → S vragom došlo, s vragom i otišlo; Les conseils de l'ennui sont les conseils du diable → Besposlenost je majka svih zala; Le diable n'est pas si noir qu'on le fait → Đavo nije tako crn kao što izgleda; Il faut bien marcher quand on a diable à ses trousses → Kad se mora, mora se; Une tête oisive est l'atelier du diable → Besposlenost je majka svih zala; Le diable n'est pas toujours à la portée d'un pauvre homme → Doći će sunce i pred naša vrata; On ne peut pas peigner un diable qui n'a pas de cheveux → Kad ne može - ne može; Plus a le diable plus veut avoir → Ko hoće (traži) veće, izgubi i ono iz vreće; Il faut marcher quand le diable est aux trousses → Ne umije magarac plivati, dokle mu voda do ušiju ne dođe; Plus a le diable, plus il veut avoir → Ko više ima, više mu se hoće; Toujours ne sont diables à l'huis → Ne daj, Bože, većeg zla

DIEU: À barque désespérée Dieu fait trouver le port → Daće Bog (raji) gaće, ali ne zna kad će; À qui se lève le matin, Dieu aide et prête la main → Ko rano rani, dvije sreće grabi; Chacun pour soi et Dieu pour tous → Svako za se svoju travu pase; Il faut rendre (rendez) à César ce qui est à César, et, (rendez) à Dieu ce qui est à Dieu → Caru carevo, a Bogu božje (dati); Le bon Dieu donne des cornes à biquette comme elle peut les porter → Dok je leđa, biće i samara; L'homme propose, (et), Dieu dispose → Čovjek snuje, a Bog odlučuje (određuje); Quand Dieu quelqu'un veut châtier, de bon sens le fait varier → Kad Bog hoće koga da kazni, najprije mu uzme pamet; Que Dieu t'entende → Iz tvojih usta, pa u Božje uši; Voix du peuple est la voix de Dieu → Glas naroda, glas božji; Dieu aide à trois sortes de personnes: aux fous, aux enfants et aux ivrognes → Pjanca i dijete Bog čuva

DIMANCHE: Ce n'est pas tous les jours dimanche → Nije svaki dan Božić (Bajram)

DIRE: Bien dire fait rire, bien faire fait taire → Da je steći košto reći, svi bi bogati bili; C'est celui qui dit qui l'est → Jedan, dva, tri, sve sto kažeš to si ti; Entre dire et faire, il y a la mer → Ne treba kvocati, nego jaja nositi; Il est plus facile de dire que de faire → Ne treba kvocati, nego jaja nositi; On n'a pas plutôt dit A qu'il faut dire B → Ko se u kolo hvata, mora i poigrati; Le dire sans faits, à

Dieu déplaît → Ne treba kvocati, nego jaja nositi

DISEUR: Les grands diseurs ne sont pas les grands faiseurs → U mnogo zbora malo stvora

DIVISER: Diviser pour régner → Zavadi, pa vladaj

DOIGT: Accordez-lui long comme un doigt, il en prendra long comme un bras → Daš mu prst, a on uzme cijelu šaku; Il ne faut pas mettre le doigt entre l'arbre et l'écorce → Ko meće prst među tuđa vrata, otkinuće mu; Il y met quatre doigts et le pouce → Prase sito prevrne korito; Les doigts d'une main ne s'entresemblent pas → Ni svi prsti na jednoj ruci nisu isti

DONNER: Chose bien donnée n'est jamais perdue → Nije beg cicija; Le Seigneur a donné, le Seigneur a repris → Bog dao, Bog i uzeo; Qui donne tôt, donne deux fois → Dvaput daje ko odmah daje; Donner c'est donner, reprendre c'est voler → Uzimalo davalo, s kokošima (kučićima, mačićima) spavalo (kokoši ga litale)

DORMIR: Qui dort grasse matinée, trotte toute la journée → U ležećih prazna kuća; Qui dort jusqu'au soleil levant, vit en misère jusqu'au couchant → U ležećih prazna kuća; Qui dort dîne → Kad spava hljeba ne ište ; Qui dort en août dort à son coût

→ Ko ljeti planduje, zimi gladuje; Il ne faut pas réveiller le chat qui dort → Ne diraj lava dok spava; Il fait mal éveiller le chien qui dort → Ne diraj lava dok spava

DOUCEUR: Il faut avoir mauvaise bête par douceur → Umiljato jagnje dvije majke sisa; Mieux vaut douceur que rigeur → Umiljato jagnje dvije majke sisa; Plus fait douceur que violence → Lijepa riječ i gvozdena vrata otvara

DÛ: À chacun selon son dû → Kakav gost, onakva mu čast

DURER: Qui veut durer doit endurer → Živa glava sve podnese i na sve se navikne

E

EAU: L'eau court toujours en la mer → Gdje je potok, biće i potočina; L'eau va à la rivière → Gdje je potok, biće i potočina; Il n'est pire eau que l'eau qui dort → Tiha voda bregove valja; Il passera bien de l'eau sous le pont → Puno će vode proteći; Quand le puits est à sec, on sait ce que vaut l'eau → Dobro se ne pozna dok se ne izgubi; L'eau tranquille est pire que celle qui coule → Tiha voda bregove valja; Les eaux calmes sont les plus profondes → Tiha voda bregove valja; Il n'est que pêcher en eau trouble → U mutnoj vodi se riba lovi; L'eau trouble est le gain du pêcheur → U mutnoj vodi se riba lovi

ÉCONOMIE: Économie vaut (mieux que) profit → Štednja je prvo tečenje; Il n'y a pas de petites économies → Ko ne čuva malo, ne može ni dosta imati

ÉCONOMISER: Qui économise s'enrichit → Štednja je prvo tečenje

ÉCOT: Chacun son écot → Zna magarac gdje ga samar žulji

ÉCU: Les écus s'aiment et s'attirent → Para na paru ide; Où il y a un écu, il y a un diable; où il n'y en a pas, il y en a deux → Sirotinjo, i bogu si teška!

ÉLÉPHANT: Quand les éléphants se battent, ce sont les fourmis qui meurent (c'est l'herbe qui souffre) → Tukle se jetrve preko svekrve

EMBRASSER: Qui trop embrasse, mal étreint → Ko hoće (traži) veće, izgubi i ono iz vreće

ENFANT: Les enfants s'amusent → Besposlen pop i jariće krsti; Petits enfants, petite peine, grands enfants, grande peine → Mala djeca mala briga; velika djeca velika briga; Enfants devient gens → Od djece ljudi bivaju

ENNEMI: Autant de pris sur l'ennemi → Došli gosti da oglođu kosti; Il faut faire un pont d'or à l'ennemi qui fuit → Neprijatelja koji bježi ne tjeraj; Il n'est pire ennemi que ses proches → Sačuvaj me, Bože, od prijatelja, a od neprijatelja čuvaću se sam; Ennemi ne dort → Neprijatelj nikad ne spava; L'ennemi de mon ennemi est mon ami → Neprijatelj mog neprijatelja je moj prijatelj

ENTENDEUR: À bon entendeur, salut! → Pametnome dosta

ENVIE: Il vaut mieux faire envie que pitié → Za dobrim konjem se prašina diže; Envie passe avarice → U tuđe krave veliko vime

ÉPARGNE: Épargne de bouche vaut rente de pré → Manje jedi, pa kupi

ÉPARGNER: Qui épargne, gagne → Štednja je prvo tečenje; Qui n'épargne pas un sou n'en aura jamais deux → U radiše svega biše, u štediše jošte više

ÉPÉE: Quiconque se sert de l'épée périra par l'épée → Ko se mača lati, od mača će i poginuti

ÉPERVIER: On ne saurait faire d'un buse un épervier → Gdje je sova (vrana) izlegla sokola? On ne peut faire d'une colombe un épervier → Gdje je sova (vrana) izlegla sokola? On ne peut faire un épervier d'un busard → Gdje je sova (vrana) izlegla sokola?

ÉPINE: Qui sème épines n'aille déchaussé → Ko s vragom tikve sadi, o glavu mu se lupaju

ERREUR: L'erreur est humaine → Griješiti je ljudski

ESPOIR: L'espoir fait vivre → Nada zadnja umire

ESSAYER: On ne perd rien à essayer → Dok ne pokucaš, neće ti se otvoriti

ÉTERNUER: Quand *x* éternue, *y* s'enrhume → Kad sultan nazebe, raja kiše

ÉTIENNE: À la tienne, Étienne → Živio, kapu nakrivio!

ÉTOILE: On ne peut aller contre son étoile → Od sudbine ne možeš pobjeći

ÊTRE: Ce qui doit être sera → Šta bude, biće; C'est comme ça → Šta je, tu je; Dis-moi qui tu hantes, je te dirai qui tu es → S kim si, takav si; Je suis comme je suis → Takav sam, kakav sam; Dis-moi qui tu fréquentes, je te dirai qui tu es → Kaži mi s kim si da znam ko si; Qui n'est pas avec moi est contre moi → Ko nije sa mnom, protiv mene je

EXCEPTION: L'exception confirme la règle → Izuzetak potvrđuje pravilo

EXCÈS: L'excès en tout est un défaut → Srednja sreća je najbolja

EXPÉRIENCE: L'expérience est la maîtresse → Iskustvo je najbolji učitelj (u životu)

EXTRÊME: Les extrêmes se touchent → Suprotnosti se privlače

F

FÂCHER (SE): Qui se fâche a tort → Srditu popu prazne bisage

FAGOT: Il y a fagot et fagot → U božjoj bašti ima mjesta za svakoga; Fagot cherche bourrée → Svaka ptica svome jatu leti; Il n'est fagot qui ne trouve son lien → Našla krpa (vreća) zakrpu

FAIBLE: Au faible le fort fait souvent tort → Ko je jači, taj i tlači

FAIM: À qui a faim, tout est pain → Gladnom psu i divljake slatke; La faim assaisonne tout → Glad je najbolji kuhar (začin); La faim chasse (fait sortir) le loup du bois → Gladan kurjak usred sela ide; À attendre l'herbe qui pousse, le bœuf meurt de faim → Ne lipši, magarče, dok trava naraste!; Lorsque la faim est à la porte l'amour s'en va par la fenêtre → Kad glad (bijeda) ulazi na vrata, ljubav izlazi kroz prozor

FAIRE, FAIT: Aussitôt dit, aussitôt fait → Rečeno – učinjeno; Aussitôt dit que fait Rečeno – učinjeno; → Bien faire et laisser dire → Živi, i pusti druge da žive; C'est comme si c'etait fait → Rečeno – učinjeno; Ce qui est fait n'est pas (plus) à faire → Bolje reci neću, nego sad ću; Ce qui est fait est fait

→ Šta je bilo, bilo je; De ce que tu pourras faire jamais n'attends à autrui → Uzdaj se u se i u svoje kljuse; Fais (faites) à autrui ce que tu voudrais (vous voudriez) qu'on te fit → Čini drugom što je tebi drago da ti se učini; Fais ce que je dis, ne fais pas ce que je fais → Ne gledaj što pop tvori, nego slušaj što zbori; Fais ce que (tu) dois, advienne que pourra! → Šta bude, biće; Il n'est jamais trop tard pour bien faire → Ko dobro čini neće se kajati; Ne faites (fais) pas à autrui ce que vous ne voudriez pas (tu ne voudrais pas) qu'il te (vous) fasse (fit) → Čini drugom što je tebi drago da ti se učini; Sitôt dit, sitôt fait → Rečeno – učinjeno; Faire et dire sont deux choses → Lako je govoriti, al' je teško tvoriti; Plus facile à dire qu'à faire → Lako je govoriti, al' je teško tvoriti; Plus fait celui qui veut que celui qui peut → Od dobre volje nema ništa bolje; Qui bien fera, bien trouvera → Dobro se dobrim vraća; Il n'y a que celui qui ne fait rien qui ne se trompe pas → Ko ne radi, taj ne griješi

FAIT (n.): Les faits sont têtus → Ako koza laže, rog ne laže

FARDEAU: Au long aller le fardeau pèse → Svako vrijeme nosi svoje breme; Le fardeau qu'on aime n'est point pesant → Što se mora nije teško; À chacun son fardeau pèse → Svakom je svoje breme najteže; La vieillesse est un pesant fardeau → Starost je teška

FARINE: Ce sont gens de même farine → Našla krpa (vreća) zakrpu; De nuit, tout blé semble farine → Noću je svaka mačka (krava) siva; Qui fuit la meule fuit la farine → Kakva služba, onakva i plaća

FAUT: Quand il faut, il faut → Što se mora nije teško; Il faut ce qu'il faut → Kad se mora, mora se

FAUTE: Faute avouée est à demi (moitié) pardonnée → Ko prizna, pola mu se prašta; Qui fait la faute la boit → Kusaj šta si udrobio; Tel fait la faute qu'un autre boit → Na vuka vika, a iza vuka lisice vuku

FÉE: Les fées se sont penchées sur son berceau → Ko je srećan i vrane mu jaja nose

FEMME: Trois femmes font un marché → Tri žene i jedna guska čine vašar; Toutes les femmes sont les mêmes → Sve žene su iste; On ne peut pas avoir en même temps femme et bénéfice → Ne može i jare i pare

FER: Il faut battre le fer quand il est chaud → Gvožđe se kuje dok je vruće; Au long aller la lime mange le fer → Strpljen - spašen

FÊTE: Il n'y a pas de bonne fète sans lendemain → Kad je bal, nek je bal (maskenbal); Il (Ce) n'est pas tous les jours fête →

Nije svaki dan Božić (Bajram)

FEU: À jouer avec le feu, on finit par se brûler → Ko se igra s vatrom mora da se opeče; Ce que vous avez perdu dans le feu, vous le retrouvez dans la cendre → Bog zatvori jedna vrata, a otvori stotinu; En petite cheminée fait on bien grand feu → Malena je 'tica prepelica, al' umori konja i junaka; Il n'y a pas de fumée sans feu → Gdje ima dima, ima i vatre; Le feu et l'eau sont bons serviteurs, mais mauvais maîtres → Voda i vatra su dobre sluge, ali zli gospodari; Le feu plus couvert est le plus ardent → Ispod (male) mire sto (devet) đavola vire; Petite étincelle engendre grand feu → Od male iskre velika vatra

FIANÇAILLES: Les fiançailles vont en selle et repentailles en croupe → Ko se brzo ženi, polako se kaje

FIL: Le fil ténu casse → Gdje je tanko, tamo se i kida

FILLE: La plus belle fille (du monde) ne peut donner que ce qu'elle a → Gdje ništa nema i car prava nema

FIN: Ce n'est pas la fin du monde → Nije smak svijeta; La fin justifie les moyens → Cilj opravdava sredstvo; Qui veut la fin veut les moyens → Cilj opravdava sredstvo; La fin couronne l'œuvre ((var. La fin couronnera le tout)) → Konac djelo krasi; Tout a une fin → Svemu dođe kraj; Les meilleures choses ont une fin → Sve što je lijepo kratko traje

FINIR: Il faut bien commencer pour bien finir → Ili ne pokušavaj, ili dovrši; Mieux vaut une fois bien finir que toujours peiner et languir → Ili ne pokušavaj, ili dovrši; Tout est bien qui finit bien → Sve je dobro, što se dobro svrši; Qui bien engrène bien finit → Napola je učinio ko je dobro počeo

FLÛTE: Ce qui vient de la flûte, s'en revient (s'en retourne, s'en va, s'en reva) par le tambour (au tambour) → Kako došlo, onako i prošlo (tako i otišlo)

FOL, FOU: À chaque fou sa marotte → Svako je lud na svoj način; Au rire connaît-on le fol et le niais → Budale se mnogo smiju; Bouche en cœur du sage, cœur en bouche au fou → Što na umu, to na drumu; Un fol émeut ce que quarante sages ne pourraient apaiser → Što jedan lud zamrsi, sto mudrih ne mogu razmrsiti; De fol juge brève sentence → Ispeci, pa reci!; Fol s'y fie, musard attend → Luda pamet, gotova pogibija; Donnez assez de corde à un fou et il se pendra → Luda pamet, gotova pogibija; Fol semble sage quand il se tait → Šutnja je zlato; Il vaut mieux être fou avec tous que sage tout seul → U društvu se i pop oženio; Plus on est de fous, plus on rit → Gdje čeljad nije bijesna, kuća nije tijesna; Qui fol naquit jamais ne guérit → Ko je lud, ne budi mu drug; Ne fais pas d'un fol ton messager → Slijepca za put i budalu za savjet ne treba pitati; Chacun a un fou dans sa manche, il le montre quand il veut → Svako je lud na svoj način v. aussi SAGE

FOLIE: De fol folie, de cuir courroie → Luda pamet, gotova pogibija

FONTAINE: Il ne faut jamais (pas) dire: fontaine, je ne boirai pas de ton eau → Nikad ne reci nikad

FORCE: Force passe droit → Sila boga ne moli; Mieux vaut engin (ruse) que force → Um caruje, snaga klade valja; Sagesse vaut mieux que force → Um caruje, snaga klade valja; L'union fait la force → Kad se slože i slabi su jaki; La force prime le droit → Sila boga ne moli

FORGERON: C'est en forgeant qu'on devient forgeron → Ko uči, taj i nauči

FORT: Fou qui s'attaque à plus fort que soi → Ne možeš se sa rogatim bosti; La raison du plus fort est toujours la meilleure → Ko je jači, taj i tlači

FORTUNE: À qui la fortune est belle son bœuf vêle → Ko je srećan i vrane mu jaja nose; Bien dance à qui la fortune chante → Ko je srećan i vrane mu jaja nose; Chacun est l'artisan de sa fortune → Svako je kovač svoje sreće; La fortune rit aux sots → Ima više sreće nego pameti; La fortune sourit aux audacieux → Hrabre sreća prati; La fortune vient en dormant → Ima više sreće nego pameti;

FOSSÉ: Qui conduit dans le fossé (y) tombe le premier → Ko drugom jamu kopa, sam u nju pada; Qui est âne et veut être cerf se connaît au saut du fossé → Na muci se poznaju junaci

FOUR: Un vieux four est plus aisé à chauffer qu'un neuf → Stara koka, dobra supa

FRÈRE: Courroux de frères, courroux de diables d'enfer → Ko neće brata za brata, on će tuđina za gospodara

FUMIER: Un coq (Un chien) est bien fort sur son fumier → Svaki pijevac na svom bunjištu jači

G

GAGNER: Assez gagne qui malheur perd → Nekom i pluto tone, a nekom i olovo pluta

GAIN: Un petit gain vaut mieux que rien → Bolje išta nego ništa

GALEUX: Qui se sent galeux, se gratte → Lopov se sam izdaje

GALÈRE: Vogue la galère! →

Kom' opanci, kom' obojci

GELER: Plus il gèle, plus il étreint → Da se za zelen bor uhvatim, i on bi se zelen osušio

GOÛT: Des goûts et des couleurs, on ne discute pas → O ukusima se ne raspravlja; Il ne faut pas disputer les goûts → O ukusima se ne raspravlja; Chacun son goût → Ko šta voli, nek izvoli; Tous les goûts sont dans la nature → Neko voli popa, neko popadiju

GOURMANDISE: Gourmandise tue plus de gens qu'épée en guerre tranchant → Više je ljudi pomrlo od jela i pića nego od gladi i žeđi

GOUTTE: Goutte à goutte on emplit la cave → Zrno po zrno pogača, kamen po kamen palača; La dernière goutte d'eau est celle qui fait déborder le vase → Kap koja je prelila čašu; Goutte à goutte l'eau creuse la terre → Kaplja kamen dubi; La goutte d'eau finit par creuser le roc → Kaplja kamen dubi

GRAND-MÈRE: Si ma grand-mère avait des roues, ce serait un autobus → Da je baba deda... ; Si ma grand-mère avait eu des roues, c'eût été un tracteur → Da je baba deda... ; Je ne te demande pas (est-ce que je te demande) si ta grand-mère fait du vélo (moto, planche à voile) → Šta me briga što Mađarska nema more

GRANDEUR: L'embarras suit la grandeur → Neće grom u koprive

GRATIS, GRATUIT: Demain on rase (on rasera) gratis → Obećanje - ludom radovanje; Les meilleures choses de la vie sont gratuites → Što je džaba i Bogu je drago

GRÉ: Bon gré, mal gré → Milom ili silom

GREC: aux calendes grecques → Kad se dva petka sastanu zajedno; Je crains les Grecs, même lorsqu'ils font des cadeaux (des offrandes) → Ne vjeruj Danajcima i kad darove donose

GRENOUILLE: La grenouille qui veut se faire aussi grosse que le bœuf → Vidjela žaba da se konj potkiva, pa i ona digla nogu; Il n'y a pas de grenouille qui ne trouve son crapaud → Našla krpa (vreća) zakrpu

GUERRE: À la guerre, comme à la guerre → Nekom rat, nekom brat; Quelle connerie, la guerre! → Nekom rat, nekom brat; Il ne faut pas aller à la guerre qui craint les horions → Ko se boji vrabaca, nek' ne sije proje; Toujours ne dure orage ni guerre → Nije svaka muka dovijeka

H

HAÏR: Haïssez un chien, dites que ses dents sont blanches → Prema svecu i tropar

HABITUDE: L'habitude est une

seconde nature → Navika je druga priroda

HARDI: Mieux vaut couard que trop hardi → Bježanova majka pjeva, a Stojanova plače

HÂTER (SE): Qui trop se hâte reste en chemin → Ko naglo ide, na putu ostaje, ko lakše ide, brže doma dolazi; → Qui se hâte trop se fourvoie → Ko naglo ide, na putu ostaje, ko lakše ide, brže doma dolazi; Plus on se hâte, moins on avance → Ko naglo ide, na putu ostaje, ko lakše ide, brže doma dolazi

HÉRITIER: Quand Jean Bête est mort, il a laissé bien des héritiers → Blago onom ko pameti nema

HÉRO: Il n' y a point de héros pour son valet de chambre → Niko nije prorok u svojoj zemlji (kući)

HEUREUX: Heureux au jeu, malheureux en amour → Ko ima sreće u kartama, nema u ljubavi; Heureux les simples d'esprit → Ko mnogo zna, mnogo i pati; Est heureux qui croit l'être → Svako je kovač svoje sreće; Heureux commencement est la moitié de l'œuvre → Napola je učinio ko je dobro počeo

HIRONDELLE: Une hirondelle ne fait pas le printemps → Jedna lasta ne čini proljeće

HISTOIRE: L'histoire se répète → Istorija se ponavlja

HOMME: L'homme ne vit pas

seulement de pain → Čovjek ne živi samo od hljeba; Si tu veux connaître quel soit l'homme, donne-lui office, charge ou somme → Ako hoćeš koga da poznaš, podaj mu vlast (u ruke); Les hommes ne se mesurent pas à l'aune → Konji se mjere peđu, a ljudi pameću; Six pieds de terre suffisent au plus grand homme → U smrti su svi jednaki; Les hommes sont tous les mêmes → Svi muškarci su isti; Un homme, nul homme → Jedan k'o nijedan

HONTEUX: Jamais honteux n'eut belle amie → Boj ne bije svijetlo oružje, već boj bije srce u junaka

HÔTE: L'hôte et la pluie après trois jours ennuient (var. Après trois jours, sa femme, un hôte et de la pluie sont trois choses dont on s'ennuie) → Svakog gosta tri dana dosta

I

ICI: d'ici à Pontoise → Bogu iza nogu (leđa)

IMPOSSIBLE: A l'impossible nul n'est tenu → Kad ne može - ne može

INQUIÉTUDE: L'inquiétude amène la vieillesse avant le temps → Zid ruši vlaga, a čovjeka briga

IVRAI: Le bon blé porte l'ivraie → U svakom žitu ima kukolja

IVROGNE: Il y a un dieu pour

les ivrognes → Pjanca i dijete Bog čuva

J

JAMBE: Cela sert comme un cautère sur une jambe de bois → Treba mi k'o treće oko u glavi

JARDIN: Il faut cultiver notre jardin → Sve zbog mira u kući

JEU: Les jeux sont faits → Kasno Marko na Kosovo stiže; Qui en jeu entre, jeu consente → Ko se u kolo hvata, mora i poigrati; A mauvais jeu, bonne mine → Parola "snađi se"; Le jeu ne vaut pas la chandelle → Skuplja dara nego maslo

JEUDI: (dans) la semaine des quatre jeudis → Kad se dva petka sastanu zajedno

JEUNE: Quand on est jeune, il est trop tôt; quand on est vieux, il est trop tard → Ženiti se mlad, rano je, a star kasno je

JEUNESSE: Jeunesse oiseuse, vieillesse disetteuse → Mlad delija, star prosjak; Il faut que jeunesse se passe → Mladost – ludost; Ce que le poulain prend en jeunesse, il le continue en vieillesse → Što dikla (na)vikla to nevjesta ne odviče; Si jeunesse savait, si vieillesse pouvait → Kad bi mladost znala, kad bi starost mogla; Les voyages forment la jeunesse → Upoznaj svoju domovinu da bi je više volio; Il faut travailler en jeunesse pour reposer en vieillesse → Ko ljeti planduje, zimi gladuje; Jeunesse oiseuse, vieillesse disetteuse → Ko ljeti planduje, zimi gladuje

JOUR: À beau jeu, beau retour → Pamti pa vrati; Il y a les jours avec et les jours sans → Danas imaš, sutra nemaš; Les jours se suivent et (mais ils) ne se ressemblent pas → Danci k'o sanci, a godišta k'o ništa; Notre jour viendra → Doći će sunce i pred naša vrata; Personne n'a de chance tous les jours → Lovac, da uvijek ulovi, zvao bi se nosac, a ne lovac; → Le soir montre ce qu'a été le jour Ne hvali dan prije večeri

JUGE: Le fils du juge va sans crainte au tribunal → Kome je Bog otac, lako mu je biti svetac

JUGER: Il ne faut pas juger les gens sur la mine → Izgled vara; Il ne faut pas juger de l'arbre (du bois) par l' écorce → Izgled vara; Juge l'oiseau à la plume et au chant et au parler l'homme bon ou méchant → Poznaje se ptica po perju

JURER: Il ne faut jurer de rien → Nikad ne reci nikad

JUS: C'est jus vert et vert jus → Nije šija nego vrat

K

KIF: C'est kif-kif → Nije šija nego

vrat

L

LANCE: Qui a la lance au poing, tout lui vient à point → Sila boga ne moli

LANGUE: Coup mortel gît en langue infecte → Jezik je više glava posjekao nego sablja; Il vaut mieux glisser du pied que de la langue → Bolje se pokliznuti nogom nego jezikom; La langue va où la dent fait mal → Gdje koga boli, onde se i pipa; Un coup de langue est pire qu'un coup de lance → Jezik je više glava posjekao nego sablja; La langue n'a grain ni os, et rompt l'échine et le dos → Jezik kosti nema, a kosti lomi; Longue langue, courte main → U mnogo zbora malo stvora; Tourne ta langue sept fois dans ta bouche avant de parler → Devet puta valja riječ preko jezika prevaliti prije neg' je izrekneš; Langue de miel, cœur de fiel → Na jeziku med, a na srcu led; Qui s'est brûlé la langue n'oublie plus de souffler sur sa soupe → Ko se jednom opeče i na hladno puše

LARRON: Bon larron est qui à larron dérobe → Kad lupež lupežu što ukrade, i sam se Bog smije; L'occasion fait le larron → Prigoda čini lupeža; Qui fit Breton, fit larron → Kroz Banjaluku ne pjevaj, kroz

Sarajevo ne kradi, a u Mostaru ne laži; Tant prend le larron qu'on le prend → Od suđenja se ne može uteći

LATIN: Il ne faut pas parler latin devant un cordelier → U šumu drva nosi

LAURIER: Le laurier n' est pas frappé par la foudre → Neće grom u koprive

LENDEMAIN: Il ne faut pas remettre au lendemain ce qu'on peut faire le jour même → Ne ostavljaj za sutra ono što možeš uraditi danas; Ce qu'aujourd'hui tu peux faire au lendemain ne diffère → Ne ostavljaj za sutra ono što možeš uraditi danas

LÈVRE: Il y a loin de la coupe aux lèvres → Ne reci: neka! dok ne vidiš na trpezi

LIÈVRE: C'est là que (où) gît le lièvre → U tom grmu leži zec; C'est la viande mal prête que le lièvre en buisson → Siječe ražanj, a zec u šumi; Le lièvre revient toujours à son gîte → Svuda pođi, kući dođi; Lièvre qui court n'est pas mort → Siječe ražanj, a zec u šumi; Il ne faut pas mettre la lièvre en sauce avant de l'avoir attrapée → Siječe ražanj, a zec u šumi

LINCEUL: Le plus riche n'emporte qu'un linceul → U smrti su svi jednaki

LION: Il faut coudre la peau du renard avec celle du lion → Um caruje, snaga klade valja

LIT: Comme on fait son lit, on se couche → Kako prostreš, onako ćeš ležati

LOIN: On reconnaît le lion à la griffe → Po glasu ptica, a po šapama se lav poznaje; A l'ongle on connaît le lion → Po glasu ptica, a po šapama se lav poznaje; Petit à petit (Pas à pas) on va bien loin → Zrno po zrno pogača, kamen po kamen palača

LOUER (SE): Qui se loue s'emboue → Ko se hvali, sam se kvari; Celui louer devons de qui le pain mangeons → Na čijim se kolima voziš, onoga konje hvali

LOUER: LOUP: À bien petite occasion se saisit le loup du mouton → Ko je jači, taj i tlači; À chair de loup, dent (sauce) de chien → Udario tuk na luk; Brebis comptées, le loup les mange → I brojene ovce vuk (kurjak) jede; Dans la peau mourra le loup → Vuk dlaku mijenja, a ćud nikada (ali ćud nikako); La peur fait le loup plus gros → U strahu su velike oči; Le loup est toujours loup → Vuk dlaku mijenja, a ćud nikada (ali ćud nikako); En fuyant le loup, on rencontre la louve → Bježao od kiše, stigao ga grad; L'homme est un loup pour l'homme → Čovjek je čovjeku vuk; Homme seul est viande à loup → Dva loša ubiše Miloša; Il ne faut pas mettre le loup berger

→ Ne valja jarca za baštovana namjestiti; On croit toujours le loup plus grand qu'il n'est → U strahu su velike oči; Quand on parle du loup, on en voit la queue → Mi o vuku, a vuk na vrata; Quand on parle du loup, il sort du bois → Mi o vuku, a vuk na vrata; Pendant que les chiens s'entregrondent le loup dévore la brebis → Dok se dvoje svađaju, treći se koristi; Quand les chiens s'entredéchirent (s'entrepillent), le loup fait ses affaires → Dok se dvoje svađaju, treći se koristi; Si on savait où le loup passe, on irait l'attendre au trou → Kad bi čovjek znao gdje će pasti, prije toga bi sjeo; Les loups peuvent perdre leurs dents, mais non leur naturel → Vuk dlaku mijenja, a ćud nikada (ali ćud nikako); Le loup alla à Rome, il y laissa poil et rien de ses coutumes → Vuk dlaku mijenja, a ćud nikada (ali ćud nikako); Les loups ne se mangent pas entre eux → Vuk na vuka ni u gori neće; Il fait bien mauvais au bois quand les loups se mangent l'un l'autre → Vuk na vuka ni u gori neće; Le dernier, le loup le mange → Kom' opanci, kom' obojci; Fou est celui qui se fait brebis entre les loups → Ko se ovcom učini, kurjaci ga izjedu; Il faut hurler avec les loups → Ko s vukom druguje mora zavijati

LOYAL: Sois leal (loyal) et ne te fie en nul → Uzdaj se u se i u svoje kljuse

LUCIOLE: Chaque luciole éclaire pour elle-même → Bog je prvo sebi bradu stvorio

LURETTE: Il y a belle lurette (une éternité) → Za Kulina bana (i dobrijeh dana)

M

MAIGRE: Le gras ne sait pas de quoi vit le maigre → Sit gladnom ne vjeruje

MAILLE: Maille à maille se fait haubergeon → Zrno po zrno pogača, kamen po kamen palača

MAIN: Aux innocents les mains pleines → Ima više sreće nego pameti; Une main lave l'autre → Ruka ruku mije (a obraz obadvije); Les mains noires font manger le pain blanc → U ratara crne ruke, a bijela pogača

MAISON: C'est la femme qui fait ou défait la maison → Ne stoji kuća na zemlji, nego na ženi

MAÎTRE: Bon maître, bon serviteur → Kakav gospodar, onakav i sluga; Il n'y a si fort qui ne trouve son maître → I nad popom ima pop; Il n'est ouvrage que de maître → Zanatliju posao pokazuje; Tel maître, tel valet → Kakav gospodar, onakav i sluga; Bonheur gît en médiocrité, ne veut ni maître ni valet → Srednja sreća je najbolja; Charbonnier est maître chez soi (dans sa maison)

→ Svaki je domaćin svome domu vladika; Nul ne peut servir deux maîtres → Ne može se sjediti na dvije stolice; Par droit et par raison chacun est maître dans sa maison → Svaki je domaćin svome domu vladika

MAL: L'affliction ne guérit pas le mal → U nevolji ne treba plakati nego lijeka tražiti; Aise et mal se suivent de près → Kolo sreće se okreće; Aux grands maux les grands remèdes → Ljutu travu na ljutu ranu; Chacun sent son mal → Zna magarac gdje ga samar žulji; De (Entre) deux maux, il faut choisir le moindre → Od dva zla izaberi manje; Il faut chasser le mal par le mal → Klin se klinom izbija (a sjekira oba); Il n'est mal dont bien ne vienne → U svakom zlu ima dobra; Mal vient à cheval et s'en retourne à pied → Bolest na konju dolazi, a na dlaci odlazi; Mal d'autrui n'est qu'un songe → Tuđa rana ne boli; Petite négligence accouche d'un grand mal → Od male iskre velika vatra; Par pleurs, par cris et par hélas le mal on ne soulage pas → U nevolji ne treba plakati nego lijeka tražiti; Mal gagné, mal dépensé → Kako došlo, onako i prošlo (tako i otišlo); Qui mal veut, mal lui tourne → Ko se tuđem zlu veseli, nek' se svome nada; Le mal retourne à celui qui le fait → Ko se tuđem zlu veseli, nek' se svome nada

MALHEUR: À quelque chose malheur est bon → U svakom zlu ima dobra; Le malheur ne dure pas toujours → I to će proći; Le malheur des uns fait le bonheur des autres → Dok jednom ne smrkne, drugom ne svane; Il n y a qu'heur et malheur en ce monde → Kolo sreće se okreće; C'est dans le malheur qu'on reconnaît ses amis → Prijatelj se u nevolji poznaje (kao zlato u vatri); Malheur partagé n'est malheur qu'à demi → Sa ljudima ni smrt nije strašna; L'or s'épure au feu, l'homme s'éprouve au creuset du malheur → Na muci se poznaju junaci; Un malheur (un ennui) ne vient jamais seul → Nesreća nikad ne dolazi sama; Un malheur amène son frère → Nesreća nikad ne dolazi sama; Le malheur n'épargne personne → Nesreća nikad ne dolazi sama

MALIN: À malin, malin et demi → Udario tuk na luk; Il n'est si fin qui ne rencontre plus malin → Udario tuk na luk

MANGER: Il faut avoir mangé un minot de sel avec quelqu'un pour le connaître → Dok s nekim vreću brašna ne pojedeš, ne možeš ga upoznati; L'appétit vient en mangeant → Apetit dolazi za vrijeme jela ; Il faut manger pour vivre et non vivre pour manger → Čovjek ne živi da bi jeo, već jede da bi živio; Il ne sait à quelle sauce manger ce poisson → Ako u selu, Turci, ako u polju, vuci; Faute de grives, on mange des merles → Kad nema djevojke dobra je i baba; Faute de pain, on mange de la galette → Kad nema djevojke dobra je i baba; Celui qui laboure le champ le mange → Ko ne radi, ne treba da jede; Il faut travailler qui veut manger → Ko radi, ne boji se gladi; On ne va pas aux noces sans manger → Svaki gušt se plaća; Que mangeras-tu quand la neige sera sur le côté nord de l'arbre? → Jazuk (je) baciti (hranu)

MANNE: Manne qui passe, on la ramasse → Ko umije, njemu dvije

MARCHANDISE: On n'a jamais bon marché de mauvaise marchandise → Jeftino meso, čorba za plotom

MARCHÉ: Bon marché vide le panier mais il n'emplit pas la bourse → Jeftino meso, čorba za plotom

MARDI-GRAS: Ce n'est pas mardi-gras aujourd'hui! → Nije svaki dan Božić (Bajram)

MARIAGE: Les mariages sont écrits dans le ciel → Od oca sermiju, a od Boga ženu; Mariage prompt, regrets longs → Ko se brzo ženi, polako se kaje; Mariage (plus) vieux, mariage heureux → Pođi za stara, pođi za cara; pođi za mlada, pođi za vraga

MARIER (SE): Marie-toi devant ta porte avec quelqu'un de ta sorte → Bolje znano s manom, nego neznano s hvalom; Qui en hâte se marie, à loisir se repent → Ko se brzo ženi, polako se kaje; Quand notre fille est mariée, nous trouvons trop de gendres → Nakon boja kopljem u trnje

MARMITE: La marmite dit au chaudron: "Tu as le derrière noir" → Podsmijevao se kotao loncu; Il n'y a pas si vieille marmite qui ne trouve son couvercle → Našla krpa (vreća) zakrpu

MARTEAU: Entre l'enclume et le marteau, qui doigt y fourre est tenu veau → Ko meće prst među tuđa vrata, otkinuće mu

MARTIN: Ce que ne veut Martin veut son âne → Ja derem jarca, a on kozu; Il y a plus d'un âne à la foire qui s'appelle Martin → Ima pasa i osim šarova

MATIN: Heure du matin, heure de gain → Ustani, lijeni, Bog sreću dijeli; La pluie du matin n'arrête pas le pèlerin → Svaki početak je težak

MÉCHANT: il n'est (nul) si méchant qui ne trouve sa méchante → Sastalo se zlo i gore da se malo porazgovore; Il n'y a point de paix (repos) pour les méchants → Nema odmora dok traje obnova

MÉDECIN: Si on avait toujours des cerises et des raisins, on pourrait se passer de médecin → Bježi, rđo, eto meda!; Un bon verre de vin enlève un écu au médecin → Bježi, rđo, eto meda!; Le meilleur médecin est la marmite → Bježi, rđo, eto meda!; Soupe aux choux au médecin ôte cinq sous → Bježi, rđo, eto meda!; Avec bon pain, bonne chère et bon vin, on peut envoyer promener le médecin → Bježi, rđo, eto meda!

MENTIR: Bon sang ne peut mentir → Nije od Boga već od roda

MESSE: La messe est dite → Prošao voz

MIEL: Un peu de fiel gâte beaucoup de miel → U svakom žitu ima kukolja; Miel sur la bouche, fiel sur le cœur → Na jeziku med, a na srcu led

MÊME: On prend les mêmes (et on recommence) → Opet Jovo nanovo

MENSONGE: C'est bien vrai, ce mensonge? → Gdje je magla panj izvalila? ; Le mensonge a les jambes courtes, il n'ira pas loin → U laži su kratke noge; Le mensonge a des pattes pourries → U laži su kratke noge; Qui dit un mensonge, en dit cent → Ko jedanput slaže, drugi put zaludu kaže; Un mensonge en attire un autre → Ko jedanput slaže, drugi put zaludu kaže

MENTIR: À beau mentir qui

vient de loin → Ako je daleko Bagdad, blizu je aršin

MENTEUR: Le menteur ne va pas loin → U laži su kratke noge; Il faut qu'un menteur ait bonne mémoire → U laži su kratke noge; Un menteur n'est point écouté, même quand il dit la vérité → Ko jedanput slaže, drugi put zaludu kaže; Montre-moi un menteur, et je te montrerai un voleur (larron) → Ko laže taj i krade

MER: Il ne faut pas porter de l'eau à la rivière (à la mer) → U šumu drva nosi; Dedans la mer de l'eau n'apporte → U šumu drva nosi; Loue la mer, mais tiens-toi à terre → Hvali more, drž' se kraja (obale); Si la mer bouillait, il y aurait bien des poissons cuits → Da imamo brašna, ko što nemamo masla, pa još u selu tepsiju da posudimo, što bismo dobru pogaču ispekli

MÈRE: Telle mère, telle fille → Kakva majka, onakva i kćerka

MERLE: On ne prend pas les vieux merles à la pipée → Stara lisica u gvožđe ne upada

MESURE: Il faut de la mesure en toutes choses (var. En toutes choses a mesure)→ Srednja sreća je najbolja; Trop et trop peu n'est pas mesure → Srednja sreća je najbolja

MESURER: N'entreprends rien sans avoir mesuré toutes choses

→ Triput mjeri, jednom sijeci

MÉTIER: (À) chacun son métier, et les vaches seront bien gardées → Lovac je da lovi, prepelica da se čuva; Chacun travaille à son métier → Lovac je da lovi, prepelica da se čuva; Il n'y a pas de sot métier (il n'y a que de sottes gens) → Ko što umije, sramota mu nije; Il n'est si petit métier qui ne nourisse son maître → Svaki zanat je zlatan; Un métier bien appris vaut mieux qu'un gros héritage → Sve, sve, ali zanat

MIDI: Chacun voit midi à sa porte → Jedan u klin, drugi u ploču

MIEL: Si tu aimes le miel, ne crains pas les abeilles → Ko se boji vrabaca, nek' ne sije proje

MILIEU: Le milieu est le meilleur → Srednja sreća je najbolja

MOINE: L' habit ne fait pas le moine → Odijelo ne čini čovjeka; Pour un moine on ne laisse pas de faire un abbé → Bez jednog čovjeka (Cigana) može biti vašar; Pour un moine l'abbaye ne chôme pas (ne se perd pas, ne faut pas, ne manque pas) → Putuj ti, oče igumane, i ne brini se za manastir

MOINEAU: Le moineau dans la main vaut mieux que la grue qui vole → Bolje vrabac u ruci nego golub na grani; On ne prend pas les vieux moineaux avec de la paille → Stara lisica u gvožđe ne upada

MOIS: Tous les trente-six du mois → Kad se dva petka sastanu zajedno

MOISSON: Moisson d'autrui plus belle que la sienne → U tuđe krave veliko vime

MOMENT: C'est le moment ou jamais → Sad ili nikad

MONDE: Ainsi va le monde → Svašta na svijetu; Depuis que le monde est monde → Otkako je svijeta i vijeka; Il faut du tout pour faire un monde → U božjoj bašti ima mjesta za svakoga; Le monde est à vous → Biraj, ago, što je tebi drago; Tout est pour le mieux dans le meilleur des mondes possibles → Ko zna zašto je to dobro?; Le monde est petit Svijet je mali; Le monde appartient à ceux qui se lèvent tôt → Ko rano rani, dvije sreće grabi

MONTAGNE: Il n'y a que les montagnes qui ne se rencontrent pas → Brdo se s brdom ne može sastati, a živi se ljudi sastanu; Si la montagne ne va pas à Mahomet, Mahomet ira à la montagne → Ako neće brijeg Muhamedu, onda će Muhamed brijegu; La montagne accouche d'une souris → Tresla se gora (brda), rodio se miš

MONTER: Bien bas choît qui trop haut monte → Ko visoko leti nisko pada; Celui qui monte haut de haut tombe → Ko visoko leti nisko pada; Monte là-dessus et tu verras Montmartre → Ko na brdu ak' i malo stoji, više vidi no onaj pod brdom; Qui monte la mule la ferre → Ko se dima ne nadimi, taj se vatre ne ogrije (on se ognja ne ogrije)

MOQUER (SE): S'en moquer comme de l'an quarante (de sa première chemise) → Sve ravno do Kosova (do mora); Se moquer (se soucier, se ficher, se foutre) du tiers comme du quart → Sve ravno do Kosova (do mora); La pelle se moque du fourgon → Smijala se kuka krivom drvetu; C'est l'hôpital qui se moque de la Charité → Smijala se kuka krivom drvetu

MORDRE: On ne sait qui mord ni qui rue → Ne zna se ko pije a ko plaća

MORT: À toute heure la mort est prête → Mlad može, a star mora umrijeti; Mort n'épargne ni petits ni grands → Mlad može, a star mora umrijeti; La mort, assise à la porte des vieux, guette les jeunes → Mlad može, a star mora umrijeti; Mort du louveteau, santé de l'agneau → Dok jednom ne smrkne, drugom ne svane; De toutes les douleurs on ne peut faire qu'une mort → Jednom se rađa, a jednom umire; Plutôt une mort honorable que le déshonneur → Bolja je poštena smrt nego nepošten (sramotan) život; La mort vient qu'on ne sait l'heure → Sve znam, ma ne znam kad ću umrijeti

MORT: Après la mort, le médecin → Kasno Marko na Kosovo stiže; Un chien mort ne mord pas → Mrtva usta ne govore; Contre la mort, point de remède → Od smrti se ne otkupi; Morte la bête, mort le vénin → Mrtva usta ne govore; Il ne faut pas dire du mal des morts → O mrtvima sve najbolje; Au mort et à l'absent injure ni tourment → O mrtvima sve najbolje; Qui n'est pas mort ne sait de quelle mort il mourra → Sve znam, ma ne znam kad ću umrijeti

MORVEUX: Qui se sent morveux, se mouche → Lopov se sam izdaje

MOT: À bon entendeur il ne faut que demi mot (qu'une parole, qu'un mot) → Pametnome dosta; Quand les mots sont dits, l'eau bénite est faite → Obećanje - sveto dugovanje; Qui ne dit mot consent → Šutnja je znak odobravanja; Un mot dit à l'oreille est entendu de loin → Zaklela se zemlja raju da se svake tajne znaju

MOUCHE: Elle joue la mouche du coche → Muha orala volu na rogu stojeći; En bouche close n'entre mouche → Šutnja je zlato; On prend plus de mouches avec du miel (avec du sucre) qu' avec du vinaigre → Umiljato jagnje dvije majke sisa

MOULIN: Chacun tire l'eau à son moulin → Navodi vodu na svoju vodenicu; Moulin de ça, moulin de là, si l'un ne meult, l'autre meuldra → Ko ustraje taj se ne kaje; On ne peut pas être au four et au moulin → Ne može i jare i pare

MORDRE: On ne sait qui mord ni qui rue → Ne zna se šta nosi dan a šta noć

MOURIR: À chacun son tour de mourir → Ko se rađa i umire; Aussitôt meurent jeunes que vieux → Mlad može, a star mora umrijeti; Autant meurt veau que vache → Mlad može, a star mora umrijeti; Avant que l'herbe croisse, le cheval meurt → Ne lipši, magarče, dok trava naraste!; Mieux vaut mourir debout que vivre toute une vie à genoux → Bolje grob nego rob; On ne meurt qu'une fois → Jednom se rađa, a jednom umire; On ne sait ni qui meurt ni qui vit → Nikad se ne zna; Partir, c'est mourir un peu → Hej, drugovi, je l' vam žao, rastanak se primakao; Plutôt souffrir que mourir → Šuti i trpi

MOUTON: Les affaires du cabri ne sont pas celles du mouton → Svakom loncu poklopac; Mieux vaut un gigot prochain qu'un gros mouton lointain → Bolje je danas jaje nego sutra kokoš; Mouton crotté, bien souvent aux autres cherche à se frotter → U svakom žitu ima kukolja; Si vous faites le mouton, on vous tondra → Ko se ovcom učini, kurjaci ga izjedu; Chacun chez soi et les moutons seront bien gardés → Svako za se svoju travu pase

MÛRIER: Il vaut mieux être mûrier qu'amandier → Kokoš pije, a na nebo gleda

N

NAGER: Quand on est à l'eau, il faut nager → Ko se u kolo hvata, mora i poigrati

NAIN: Le nain qui est sur l'épaule d'un géant voit plus loin que celui qui le porte → Ko na brdu ak' i malo stoji, više vidi no onaj pod brdom

NATUREL: Chassez le naturel, il revient au galop → Teško žabu u vodu natjerati

NÉCESSITÉ: Nécessité n'a point de loi → Nužda zakon mijenja; Nécessité est mère d'industrie → Nevolja svačemu čovjeka nauči

NENNI: Il n'y a point de nenni → Za neću se ide u zatvor; Dites toujours nenni, vous ne serez jamais marié → Probirač nađe otirač

NEZ: Chacun ne sait qui lui pend au nez → Doće maca na vratanca; Il tombe sur le dos et se casse le nez → Da padne na leđa, razbio bi nos; Jamais grand nez ne gâta un beau visage →

Moj nos moj ponos; Qui coupe son nez dégarnit son visage → Naljutio se kmet na selo; Si on te/lui pressait (tordait) le nez, il en sortirait du lait → Kad se tvoj vrag rodio, onda je moj gaće nosio

NOCES: L'on ne doit jamais aller à noces sans y être convié → Nezvanom gostu mjesto iza vrata; Tous jours ne sont pas noces → Nije svaki dan Božić (Bajram)

NOËL: Tant crie-t-on Noël qu'il vient → Ko dobro čini neće se kajati

NOIX: Qui a des noix il en casse, qui n'en a il s'en passe → Ako ne možemo kako hoćemo, mi ćemo kako možemo

NOUVEAU: Il y a rien de nouveau sous le soleil → Ništa nije novo na svijetu; Tout nouveau, tout beau → Novo sito o klinu visi

NOUVELLES: De longues terres, longues nouvelles → Ako je daleko Bagdad, blizu je aršin; Les mauvaises nouvelles ont des ailes → Zlo se čuje dalje nego dobro; Les nouvelles vont vite → Dobar glas daleko se čuje; Pas de nouvelles, bonnes nouvelles → Nema vijesti - dobra vijest

NOVICE: Il n'est ferveur que de novice → Novo sito samo sije

NOYAU: Il faut casser le noyau pour avoir l'amande → Ako želiš jezgro, slomi ljusku

NOYÉ: Un noyé s'accroche à un brin de paille (d'herbe) → Davljenik se i za slamku hvata;

NOYER: Qui est destiné à se pendre ne se noie pas → Ko se za vješala rodio neće potonuti

NUIRE: Ce qui nuit à l'un profite à l'autre → Dok jednom ne smrkne, drugom ne svane

NUIT: Fais de la nuit nuit, et du jour jour, et vivras sans ennui et douleur → Živi prosto – doživjećeš sto; La nuit porte conseil → Jutro je pametnije (mudrije) od večeri; Prends conseil à l'oreiller, la nuit est mère des pensées → Jutro je pametnije (mudrije) od večeri

O

OCCASION: Il a encore manqué (perdu) l'occasion de se taire! → Jezik za zube; Il faut saisir l'occasion aux cheveux → Ko umije, njemu dvije

OCCUPER (S'): Occupe-toi de tes fesses (de ton cul)→ Ne niči gdje te ne siju

ODEUR: L'argent n'a pas d'odeur → Novac ne smrdi

ŒIL: Au cas que Lucas n'ait qu'un œil, sa femme aurait épousé un borgne → Da imamo brašna, ko što nemamo masla, pa još u selu tepsiju da posudimo, što bismo dobru pogaču ispekli; Mieux vaut un œil que nul → Bolje išta nego ništa; Il n'est pour voir que l'œil du maître Gospodareve oči konja goje; Œil pour œil dent pour dent → Oko za oko, zub za zub; L'œil du maître engraisse le cheval → Gospodareve oči konja goje; L'œil du fermier vaut fumier → Gospodareve oči konja goje; Les yeux sont le miroir de l'âme → Oči su ogledalo duše; L'œil est le conducteur de l'amour → Očima se ljubav kuje; On voit la paille dans l'œil de son voisin, mais pas la poutre dans le sien → U tuđem oku vidi slamku, a u svome grede ne vidi; Quand il lui tombe un œil → Kad na vrbi rodi grožđe. v. aussi YEUX

ŒUF: Au pauvre un œuf vaut un bœuf → Žedan konj mutnu vodu ne gleda; De mauvais corbeau mauvais œuf → Gdje je sova (vrana) izlegla sokola?; Il ne faut pas mettre tous ses œufs dans le même panier → Ne stavljaj sva jaja u jednu košaru; Mieux vaut promptement un œuf que demain un bœuf → Bolje je danas jaje nego sutra kokoš; Mieux vaut en paix un œuf qu'en guerre un beouf → Dogovorna je najbolja; Noire géline pond blanc œuf → Crna koka bijela jaja nosi; Un œuf aujourd'hui vaut mieux qu'un poulet pour demain→ Bolje je danas jaje nego sutra kokoš; Une poule noire pond un œuf blanc → Crna koka bijela jaja nosi; On ne fait pas d'omelette sans casser des œufs → Pokraj suha drveta i sirovo izgori

OIE: Ce que l'oie ne se laisse pas faire, elle ne doit pas le faire au canard → Čini drugom što je tebi drago da ti se učini

OIGNON: Marchand d'oignons se connaît en ciboules → Zanatliju posao pokazuje; Ce n'est pas mes oignons → Šta me briga što Mađarska nema more

OISEAU: À chaque oiseau son nid est (semble) beau → Svaki Cigo svoga konja hvali; Au chant on connaît l'oiseau → Poznaje se ptica po perju; C'est un vilain oiseau que celui qui salit son nid → Kojoj ovci svoje runo smeta, ondje nije ni ovce ni runa; Petit à petit, l'oiseau fait son nid → Zrno po zrno pogača, kamen po kamen palača; Les oiseaux de même plumage volent ensemble (s'assemblent) → Svaka ptica svome jatu leti

OISIVETÉ: L'oisiveté est la mère de tous les vices → Besposlenost je majka svih zala

ONCLE: Si ma tante en avait, on l'appellerait mon oncle → Da su babi muda, bila bi deda

OR: La clé d'or ouvre toutes les portes → Zlatan ključić i željezna (gvozdena) vrata otvara; Ce n'est pas tout or ce qui reluit, ni farine ce qui blanchit → Nije zlato sve što sija (nije pećina sve što zija);

L'or brille même dans la boue → Zna se zlato i u đubretu; Tout ce qui brille n'est pas (d') or→ Nije zlato sve što sija (nije pećina sve što zija)

OREILLE: Ce qui (r)entre par une oreille, sort par l'autre → Na jedno uho ušlo, na drugo izašlo; Ce que ne fut jamais ni sera, c'est le nid d'une souris dans l'oreille d'un chat → Na vrbi svirala; Chien hargneux a toujours l'oreille déchirée → Nebojšu najprije psi ujedu; Les murs ont des oreilles I zidovi imaju uši; Ventre affamé n'a pas (point) d'oreilles → Gladan pas ne može lajati; Le bois a oreilles et le champ des yeux → I zidovi imaju uši

ORGUEIL: L'orgueil précède les chutes → Ne diži se na golemo da ne padneš na koljeno; Orgueil n'a pas bon œil → Od inata nema goreg zanata; L'orgueil est un mauvais conseiller → Od inata nema goreg zanata

ORME: Attendez-moi sous l'orme → Bilo bi ga (te...) dobro po smrt poslati

OS: La chair la plus près des os est la plus tendre → Meso pri kosti, a zemlja pri kršu (valja)

OURS: Il ne faut pas vendre la peau de l'ours avant de l'avoir tué → Pravi račun bez krčmara; Ne marchande la peau de l'ours devant que la bête soit prise et morte → Siječe ražanj, a zec u šumi

OUTIL: Les bons ouvriers ont toujours de bons outils → Bez alata nema zanata; Les mauvais ouvriers ont toujours de mauvais outils → Bez alata nema zanata

OUVRAGE: Ouvrage de commun, ouvrage de nul → Što je svačije, to je ničije; Cent fois sur le métier remettez votre ouvrage → Ko umije, njemu dvije

ŒUVRE: À l'œuvre on connaît l'artisan → Zanatliju posao pokazuje;

OUVRIER: À l'ouvrage connaît-on l'ouvrier → Zanatliju posao pokazuje; Il n'est science que d'ouvrier → Vrijedne su ruke najbolja alatka; Un bon ourvrier n'est jamais trop chèrement payé → Dobar majstor para vrijedi

P

PAIN: Après grand banquet, petit pain → Danas imaš, sutra nemaš; De mauvais grain jamais bon pain → Ne može od govneta pita; De tout s'avise à qui pain faut → Nevolja svačemu čovjeka nauči; Homme affamé ne pense qu'à pain → Ko o čemu, baba o uštipcima; Il vaut mieux pain sans nappe que nappe sans pain → Od dva zla izaberi manje;

PAPE: Il ne faut pas être plus catholique que le pape → Biti

veći katolik od pape

PAPIER: Le papier souffre tout et ne rougit de rien → Papir sve trpi

PAPILLON: Le plus beau papillon n'est qu'une chenille habillée → Izgled vara

PÂQUES: Il ne faut pas se faire poissonner la veille de Pâques → Prase se ne goji (tovi) uoči Božića

PARADIS: Il ne l'emportera pas au (en) paradis → Lija lija, pa dolija

PAREIL: Chaque brebis cherche sa pareille → Svak svoje traži

PARFAIT: Nul n'est parfat en toutes choses → Niko nije savršen; Personne n'est parfait → Niko nije savršen

PARIS: Avec des si, on mettrait Paris en bouteille → Da imamo brašna, ko što nemamo masla, pa još u selu tepsiju da posudimo, što bismo dobru pogaču ispekli; Paris ne s'est pas fait en un jour → Od jednog udara dub ne pada; Paris (le monde, l'avenir) appartient à ceux qui se lèvent tôt → Ko rano rani, dvije sreće grabi

PARLER: À beau parler qui n'a cure de bien faire → Da je steći košto reći, svi bi bogati bili; Il vaut mieux se taire que follement parler → Da je steći košto reći, svi bi bogati bili; Parle à mon cul, ma tête est malade → Ko te šiša (kad nisi iz Niša); Trop gratter cuit, trop parler nuit → Jedna glava - hiljadu jezika

PAROLE: Belles paroles ne font pas bouillir la marmite → Lijepe riječi ne mijese kolače; Douce parole rompt grand'ire → Lijepa riječ i gvozdena vrata otvara; Homme d'honneur n'a qu'une parole → Carska se ne poriče; Méchante parole jetée va partout à sa volée → Riječ iz usta, a kamen iz ruke; La parole est d'argent mais (et) le silence est d'or → Šutnja je zlato

PASSÉ: C'est du passé → Bilo, pa prošlo (ka' i lanjski snijeg); Oublions le passé → Bilo, pa prošlo (ka' i lanjski snijeg)

PASSER: Tout passe, tout casse, tout lasse → Vrijeme gradi niz kotare kule, vrijeme gradi, vrijeme razgrađuje; Ça passe ou ça casse → Ko živ, ko mrtav; Tout passera, sauf le bien que tu as fait → Pošteno ime ne gine; Ne loue pas le gué avant de l'avoir passé → Prvo skoči, pa reci: "Hop!"

PATIENCE: Avec le temps et la patience on vient à bout du tout → Strpljen – spašen; Patience passe science → Ko ustraje taj se ne kaje; Patience et longueur de temps font plus que force ni que rage → Strpljen - spašen

PAUVRE: À pauvres gens la pâte gèle au four → Nekom i pluto tone, a nekom i olovo pluta; Le pauvre accepterait bien le rhumatisme du riche → Njegova bolest drugoga zdravlje; Toujours la misère tombe sur le pauvres → Sirotinjo, i bogu si teška!; Pauvres gens n'ont guère d'amis → Sirotinja nema srodstva; Le pauvre est odieux même à son ami → Sirotinja nema srodstva; N'est pauvre qui a peu mais qui désire beaucoup → Ne traži hljeba preko pogače

PAUVRETÉ: Pauvreté n'est pas vice → Sirotinja nije grijeh; Pauvreté n'est pas vice, mais c'est une espèce de ladrerie, chacun la fuit → Sirotinja nije grijeh

PAYS: Autres pays, autres mœurs → Koliko sela, toliko adeta; L'homme doit vivre selon le pays où il est → Kud svi Turci, tud i mali Mujo; Le pays est la où l'on se peut vivre → Domovina (Otadžbina) je tamo gdje ti je dobro

PÉCHÉ: À tout péché miséricorde → Bilo, pa prošlo (ka' i lanjski snijeg)

PÉCHER: Autant pèche celui qui tient le sac que celui qui l'emplit (met dedans) → Ko lopova krije i on bolji nije

PÊCHEUR: A grand pêcheur échappe anguille → I pop u knjizi pogriješi

PEIGNE: Jamais teigneux n'aima le peigne → Vuk dlaku mijenja, a ćud nikada (ali ćud nikako)

PEINE: À chaque jour suffit sa peine → Ide vrijeme, nosi breme; On n'a rien sans peine → Bez muke nema nauke; Nul bien sans peine → Bez muke nema nauke; Nema raka bez mokrih gaća

PELOTE: À bon chouleur la pelote lui vient → Ko umije, njemu dvije

PENDRE: Dépendez un pendu et il vous pendra → Hrani pašče da te ujede

PERDRE, PERDU: Bien perdu, bien connu → Dobro se ne pozna dok se ne izgubi; Un bienfait n'est jamais perdu → Ko dobro čini neće se kajati; Ce n'est pas perdu pour tout le monde → Što izgubiš, ne traži, što nađeš, ne kaži; Ce que l'on perd d'un côté, on le récupère de l'autre → Na mostu dobio, na ćupriji izgubio; Un(e) de perdu(e), dix de retrouvé(e)s → Jedan se oteg'o, drugi se proteg'o; On risque (hasarde) de tout perdre en voulant trop gagner → Ko hoće (traži) veće, izgubi i ono iz vreće; Qui perd sa matinée perd les trois quarts de sa journée → Ustani, lijeni, Bog sreću dijeli; Qui ne s'aventure perd → Ko ne riskira ne dobija; Qui ne s'aventure perd cheval et mule → Ko ne riskira ne dobija

PÈRE: Tel père, tel fils → Kakav otac, takav sin

PERLE: Ne jetez pas vos perles aux pourceaux → Biser ne valja pred svinje bacati

PERSÉVÉRENCE: La persévérance vient à bout du tout → Strpljen - spašen

PÉTER: Il ne faut pas péter plus haut qu' on a le cul → Ne diži se na golemo da ne padneš na koljeno

PETIT: Une chienne (une chatte, une truie) n'y retrouverait pas ses petits → Pas s maslom ne bi pojeo

PEU: Plusieurs peu font un beaucoup → Zrno po zrno pogača, kamen po kamen palača

PEUPLE: Tel prêtre, tel peuple → Kakav gospodar, onakav i sluga

PEUR: La peur grossit les objets (donne les ailes; a bon pas) → U strahu su velike oči

PEUREUX: Le chien peureux n'a jamais son saoûl de lard → Boj ne bije svijetlo oružje, već boj bije srce u junaka

PIED: Le pied sec, chaud la tête, au reste vivez en bête → Čizma glavu čuva (a kapa krasi)

PIERRE: Si la pierre donne contre la cruche ou la cruche contre la pierre, tant pis pour la cruche → Ili loncem o kamen, ili kamenom o lonac, teško loncu svakojako; La pierre tombe toujours sur le tas → Para na paru ide; On ne jette des pierres qu'à l'arbre chargé de fruits → Za dobrim konjem se prašina diže; Pierre qui roule n'amasse pas mousse

→ Koji se kamen često premeće, neće mahovinom obrasti; Que celui d'entre vous qui est sans péché lui jette la première pierre → Ko nije grešan neka prvi baci kamen

PLAIRE: On ne saurait plaire à tout le monde (à moins d'être un louis d'or) → Niko se nije rodio da je svijetu ugodio; Quand on fait de grandes choses, il est difficile de plaire à tout le monde → Niko se nije rodio da je svijetu ugodio; Ce qui me plaît m'est bon → Nije blago ni srebro ni zlato, već je blago što je srcu drago; N'est pas beau ce qui est beau, mais est beau ce qui plaît → Nije blago ni srebro ni zlato, već je blago što je srcu drago

PLANCHER: On marche toujours de travers sur un plancher quie nous appartient point → Svoja kućica, svoja slobodica

PLEURER: Il ne sert à rien de pleurer sur le lait répandu → Ne vrijedi plakati nad prolivenim mlijekom; Pleure, tu pisseras moins → Plači, manje ćeš pišati; Qui rit le matin, le soir pleure → Ne hvali dan prije večeri

PLIER: Il vaut mieux plier que rompre → Pametniji popušta

PLUIE: Pettie pluie abat grand vent → Od male iskre velika vatra; Ce que doit être ne peut manquer, non plus que la pluie en hiver → Što mora biti, biće; Après la pluie, le beau temps → Poslije kiše sunce sija

PLUME: C'est la folie de vanner les plumes au vent → Trla (prela) baba lan da joj prođe dan

POCHETTE: Belle pochette et rien dedans → Spolja gladac, iznutra jadac

POIRE: Il faut attendre à cueillir la poire qu'elle soit mûre → Posao nije zec, neće pobjeći

POISON: L'hôtel et le poisson en trois jours sont poison → Svugdje je dobro, ali kod kuće je najbolje

POISSON: Au poisson à nager ne montre → Ribu uči plivati; Les gros poissons mangent les petits → Velike ribe male proždiru; Le poisson commence à sentir <pourrir> par la tête → Riba s glave smrdi; Petit poisson deviendra grand → Od djece ljudi bivaju; Pas de poisson sans arête → Ni drveta bez grane, ni čovjeka bez mane; S'en soucier (s'en ficher) comme un poisson d'un pomme → Sve ravno do Kosova (do mora); Trop vieux poisson ne mord pas à l'appât → Stara lisica u gvožđe ne upada; Ni chair ni poisson → Niti smrdi, niti miriše

POLICE: Où manque la police, abonde la malice → Kad mačka ode miševi kolo vode

PORC: À la Sainte-Catherine, le porc couine → Doće maca na vratanca; À chaque porc vient la Saint-Martin → Doće maca na vratanca

PORTE: Que chacun balaie devant sa porte et el rues seront nettes → Neka svako očisti ispred svoje kuće; Une porte mal graissée chante → Kola nenamazana škripe

POSSIBLE: Tout est possible → Sve je moguće

POT: À chaque pot son couvercle → Svakom loncu poklopac; Il n'y a si méchant pot qui ne trouve son couvercle) → Našla krpa (vreća) zakrpu; C'est le pot de terre contre le pot de fer → Ili loncem o kamen, ili kamenom o lonac, teško loncu svakojako; Chaque potier loue son pot et davaantage les cassés et les rots → Svaki Cigo svoga konja hvali; Petit pot est bientôt chaud → Malen lončić brzo pokipi; Pot fêlé dure longtemps → Žuti žutuju, a crveni putuju; Il n'y a pas si vieux pot qui ne trouve son couvercle → Našla krpa (vreća) zakrpu

POULE, POULET: Bonne est la poule qu'un autre nourrit → U tuđe krave veliko vime; Coucher de poule et lever de corbeau écartent l'homme du tombeau → Živi prosto – doživjećeš sto; Le poulet aveugle trouve aussi du grain → I ćorava koka zrno nađe; Quand on tient la poule, il faut la plumer → Uzmi sve što ti život pruža; Quand la poule veut chanter comme le coq, Il faut lui couper la gorge → Teško kući gdje je kokoška glasnija od pijetla; Malheureuse maison et méchante où (le) coq se tait et la poule chante → Teško kući gdje je kokoška glasnija od pijetla; La poule ne doit pas chanter devant le coq → Teško kući gdje je kokoška glasnija od pijetla; Poule de voisin paraît une oie → U tuđe krave veliko vime; Une poule n'y trouverait pas ses poussins → Pas s maslom ne bi pojeo; Quand les poules auront des dents → Kad na vrbi rodi grožđe; Si à la poule tu serres le poing, elle te serrera le cul → Koliko para, toliko muzike; Qui suit les poules apprend à gratter → Ko sa psima liježe, pun buha ustane; On n'attend pas le jour de marché pour engraisser sa poule → Prase se ne goji (tovi) uoči Božića; Chacun chez soi et les poules seront bien gardées → Svako za se svoju travu pase

POURCEAU: On ne doit pas à gras pourceau le cul oindre → Ne traži hljeba preko pogače

POURRI: Il y a quelque chose de pourri ... → Nešto je trulo u državi Danskoj

POUVOIR: Pouvoir corrompt → Pare kvare ljude

POUVOIR (v.): Advienne que pourra! → Kud puklo da puklo;

Sauve qui peut → Spasavaj se ko može

PRÉCAUTION: Deux précautions valent mieux qu'une → Što je sigurno, sigurno je

PRÊCHER: Chacun prêche pour sa paroisse → Svaki Cigo svoga konja hvali

PREMIER: Il vaut mieux être le premier de sa race que le dernier → Bolje prvi u selu nego zadnji u gradu; Il n'y a que la première pinte de chère → Prvi korak je najteži; Il n'y a que le premier pas qui coûte → Prvi korak je najteži

PRENDRE, PRIS: C'est toujours ça de pris → Kad kuća gori, barem da se čovjek ogrije; Qui ne prie ne prend → Dok dijete ne zaplače, mati ga se ne sjeća; C'est à prendre ou à laisser → Uzmi ili ostavi; Tel est pris qui croyait prendre → Ko drugom jamu kopa, sam u nju pada; Qui tout convoite, tout perd → Ko hoće (traži) veće, izgubi i ono iz vreće; Je n'y prends, ni n'y mets → Pošto kupio, po to i prodao; Pas vu, pas pris → Ni luk jeo, ni luk mirisao

PREMIER: Le premier venu engrène → Ko prije djevojci, njegova je djevojka; Qui premier vient au moulin premier doit moudre → Ko prije djevojci, njegova je djevojka; On ne réussit pas toujours du premier coup → Prvi se mačići u vodu bacaju; On

n'abat pas un chêne au premier coup → Prvi se mačići u vodu bacaju

PRENDRE: On sait ce que l'on quitte, on ne sait pas ce que l'on prend → Bolje znano s manom, nego neznano s hvalom

PRÊTER: Ami au prêter, ennemi au rendre → Ni platiša, ni vratiša; Au prêter, ange (Dieu); au rendre, diable → Ni platiša, ni vratiša

PRÊTRE: Chaque prêtre loue ses reliques → Svaki Cigo svoga konja hvali

PREVENIR: Il vaut mieux prévenir que guérir → Bolje spriječiti nego liječiti

PRIX: Chaque chose a son prix → Sve ima svoju cijenu

PROCÈS: Un mauvais accommodement vaut mieux qu'un bon procès → Bolje je mršav mir nego debeo proces (debela parnica); Un mauvais arrangement vaut mieux qu'un bon procès → Bolje je mršav mir nego debeo proces (debela parnica)

PROFIT: Chacun cherche son propre profit → Ne laje pas radi sela, nego sebe radi; Trop de profit crève la poche → Ko hoće (traži) veće, izgubi i ono iz vreće

PROIE: Il ne faut pas laisser la proie pour l'ombre → Bolje vrabac u ruci nego golub na grani

PROMESSE: Promesse oblige! → Carska se ne poriče; Entre promesse et l'effet y a grand trait → Obećanje - ludom radovanje; Mieux vaut une certitude qu'une promesse en l'air → Što je sigurno, sigurno je; Promesse des grands n'est pas héritage → Nije tvrda vjera u jačega

PROMETTRE: Il se ruine à promettre et s'acquitte (s'enrichit) à ne rien tenir → Obećanje - ludom radovanje; Promettre et tenir son deux → Obećanje - ludom radovanje

PROMETTEUR: Grand prometteur, petit donneur → Od zbora do tvora - ima prostora

PROPHÈTE: Nul n'est prophète en son pays → Niko nije prorok u svojoj zemlji (kući)

PROSPÉRITÉ: La prospérité fait peu d'amis → Nesta vina, nesta razgovora, nesta blaga, nesta prijatelja

PRUDENCE: Prudence est mère de sûreté → Kokoš pije, a na nebo gleda

PUER: Plus on remue la merde, plus elle pue → Ne diraj u govno da ne smrdi; Plus on remue l'ordure (la boue), plus elle pue → Ne diraj u govno da ne smrdi

PUISSANT: S'associer avec un puissant n'est jamais sûr → Gospodskome smijehu i vedru

vremenu ne valja vjerovati, jer se začas promijene

PUITS: Ill faut puiser quand la corde est au puits → Uzmi sve što ti život pruža

PUNITION: La punition boite, mais elle arrive → Od suđenja se ne može uteći

PUR: Tout est pur aux purs → Za čisto zlato rđa ne prijanja

Q

QUATORZE: C'est reparti comme en quatorze (pour un tour) → Opet Jovo nanovo

QUENOUILLE: À la quenouille, le fol s'agenouille → Teško kući gdje je kokoška glasnija od pijetla

QUERELLE: Petites querelles et noisettes sont aiguillons d'amourettes → Ko se bije, taj se voli

R

RAISIN: Les raisins sont trop verts → Tako blizu, a tako daleko; Mi-figue, mi-raisin → Niti smrdi, niti miriše

RAISON: Il y a une raison à tout → Za sve postoji razlog

RAT: Rat qui n'a qu'un trou est vite pris → Teško mišu (Rđav je ono miš) koji samo jednu rupu ima; Les rats quittent le navire → Pacovi prvi napuštaju brod;

Quand le navire est près de sombrer, tous les rats le désertent → Pacovi prvi napuštaju brod

RÉCOMPENSE: Une bonne action n'est (ne reste) jamais sans récompense → Ko dobro čini neće se kajati

REFAIRE: On ne se refait pas → Vuk dlaku mijenja, a ćud nikada (ali ćud nikako)

REFUSER: Tel refuse qui après muse → Probirač nađe otirač

RÈGLE: Les règles sont faites pour être transgressées → Pravila su tu da se krše

REINE: Il y a raine et reine → Ne miješaj žabe i babe

REMÈDE: À chose faite pas de remède → Bilo, pa prošlo (ka' i lanjski snijeg); Il y a remède à tout → Za sve ima lijeka; À vieux corps, point de remède → Starost je bolest od koje se umire

RENARD: À renard endormi ne vient bien ni profit → Ustani, lijeni, Bog sreću dijeli; Avec le renard on renarde → Udario tuk na luk; À renard, renard et demi → Udario tuk na luk; Bon renard ne se prend pas deux fois au même piège → Stara lisica u gvožđe ne upada; Ce que lion ne peut, le renard le fait → Um caruje, snaga klade valja; Il n'y a si fin renard qui ne trouve plus finard → Udario tuk na luk; La poule ne doit pas se confesser au renard

→ Ne valja jarca za baštovana namjestiti; Le renard change de poil mais non de naturel → Vuk dlaku mijenja, a ćud nikada (ali ćud nikako); Le renard qui dort la matinée n'a pas la gueule (langue) emplumée gueule → Ranoranilac i docnolegalac kuću teče; Quand le renard prêche, prenez garde à vos poules → Kad lisica predikuje, pazi dobro na guske; Un renard n'est pas pris deux fois à un piège → Ko me jedanput prevari, ubio ga Bog; ko me dvaput prevari, ubio me Bog; Tous les renards se trouvent à la fin chez le pelletier → Doće maca na vratanca

RENOM, RENOMÉE: Bon renom vaut un héritage → Bolji je dobar glas nego zlatan pâs; Bonne renommée vaut mieux que ceinture dorée → Bolji je dobar glas nego zlatan pâs

RÉPÉTITION: La répétition est la mère de l'apprentissage (de la science) → Ponavljanje je majka znanja

REPOS: Le repos et le repas revigore le corps et l'esprit las → I car legne da mu se (ručak) slegne

RESSEMBLER (SE): Qui se ressemble s'assemble → Svaka ptica svome jatu leti

REVANCHE: À charge de revanche → Pamti pa vrati

RICHE: Au riche homme souvent

sa vache vêle, et du pauvre le loup veau emmène → Nekom i pluto tone, a nekom i olovo pluta; Cela ne sert à rien de devenir un jour l'homme le plus riche du cimetière → Pare su da se troše; Riche homme ne sait qui lui est ami → Nesta vina, nesta razgovora, nesta blaga, nesta prijatelja

RICHESSE: Contentement passe richesse → Nije sve u parama

RIEN: C'est mieux que rien → Daj šta daš; Je n'y suis pour rien → Ni luk jeo, ni luk mirisao; Mieux vaut peu que rien → Bolje išta nego ništa; On n'a rien pour rien → Bez para ni u crkvu; Qui doit n'a rien à soi → Ko je dužan, taj je tužan; Rien sans rien → Bez para ni u crkvu; On ne donne rien pour rien → Bez para ni u crkvu; On ne fait pas de rien grasse potée → Ne može od govneta pita; Rien n'est impossible → Ništa nije nemoguće

RIRE: On dit souvent la vérité en riant → U svakoj šali pola istine (zbilje); Riez et l'on rit avec vous, pleurez et vous pleurez seul → Daj ti meni plačidruga, a pjevidruga je lako naći; Rira bien qui rira le dernier → Ko se zadnji smije, najslađe se smije; Le rire, c'est bon pour la santé → Smijeh je zdravlje; Tel rit le vendredi qui dimanche pleurera → Ne hvali dan prije večeri

RISQUER: Cela risque fort de lui arriver → Doće maca na vratanca; Qui ne risque rien n'a rien → Ko ne riskira ne dobija; Qui risque gagne → Ko ne riskira ne dobija

RIVIÈRE: Les petits ruisseaux font les grandes rivières → Iz potočića biva rijeka

ROBE: On ne connaît pas les gens aux robes, ni les chiens au poil → Odijelo ne čini čovjeka

ROI: C'est la cour du roi Pétaud → Ne zna se ko pije a ko plaća; Le roi n'est pas servi sans qu'il parle → Dok dijete ne zaplače, mati ga se ne sjeća; Où n'y a rien, le roi perd ses droits → Gdje ništa nema i car prava nema; Un chat peut bien regarder un roi → I mačka cara gleda (pa ga se ne boji); Il ne faut pas être plus royaliste que le roi → Biti veći katolik od pape; Que veut le roi ce veut la loi → Kadija te tuži, kadija ti sudi; Tel roi, telle loi → Sjaši Kurta da uzjaši Murta; Roi ou rien → Sve ili ništa; Les rois et les juges n'ont point de parent → Ni po babu, ni po stričevima (već po pravdi boga istinoga)

ROME: Jamais cheval ni méchant homme, n'amenda pour aller à Rome → Martin u Zagreb (Rim), Martin iz Zagreba (Rima); Mieux vaut être le premier dans son village que le second dans Rome (en ville) → Bolje prvi u selu nego zadnji u gradu; Qui bête va à Rome, tel en retourne → Martin u

Zagreb (Rim), Martin iz Zagreba (Rima); Rome ne s'est pas faite en un jour → Od jednog udara dub ne pada; Il faut vivre à Rome selon les coutumes romaines → U kakvo kolo dođeš, onako i igraj; À Rome, fais comme les Romains → U kakvo kolo dođeš, onako i igraj; En demandant on va à Rome → Ko jezika ima, pogodi do Rima; Qui langue a, à Rome va → Ko jezika ima, pogodi do Rima; Tous les chemins mènent à Rome → Svi putevi vode u Rim; Honte à qui peut chanter pendant que Rome brûle → Selo gori, a baba se češlja; Si celà arrive je l'irai dire à Rome → Na vrbi svirala

ROSE: Il n'est si belle rose qui ne devienne gratte-cul → Ljepota je prolazna; Il n'y a pas de roses sans épines → Nema ruže bez trnja

ROUE: La roue tourne → Kolo sreće se okreće; La plus mauvaise roue du char fait toujours le plus grand bruit → Prazno bure više zveči

S

SAC: Dans les petits sacs sont les bonnes épices → U maloj boci se otrov drži; Sac vide ne tient pas debout → Prazna vreća ne može uzgor stajati; L'on ne peut cacher l'aiguille en sac → Svako djelo dođe na vidjelo

SAGE: L'adversité rend sage →

Nevolja svačemu čovjeka nauči; Après dommage chacun est sage → Da je pamet do kadije kao od kadije; Celui qui a l'âge doit être sage → Sjedine u glavu, a pamet u stranu; L'homme sage apprend de ses erreurs, l'homme plus sage apprend des erreurs des autres → Blago onom ko se tuđom štetom opameti, a teško onom koji svojom mora; Ni gras poussin, ni sage Breton → Gdje je magla panj izvalila?; Le sage tire profit des erreurs des autres, le sot des siennes → Pametan se uči na tuđim greškama, budala na svojim; Le plus sage cède → Pametniji popušta; Le sage change d'avis et le sot s'entête → Pametniji popušta; Le sage se conforme à la vie de ses compagnons → Sve sa svijetom; Tout le monde est sage après coup → Da je pamet do kadije kao od kadije;

SAGESSE: Mieux vaut une once de fortune qu'une livre de sagesse → Bolji je dram sreće nego oka pameti; Souvent de sagesse vient lenteur → Požuri polako

SAIGNÉE: Selon le bras, la saignée → Ne pružaj se dalje od gubera

SAINT: À chaque saint sa chandelle → Prema svecu i tropar; Il ne sait à quel saint se vouer → Ako u selu, Turci, ako u polju, vuci; Jusqu'à la Saint-

Glinglin (à la Saint-Saucisson; à la Saint-trou-du-cul) → Kad se dva petka sastanu zajedno; Comme on connaît ses saints on les honore → Prema svecu i tropar; Selon le saint, l'encens Prema svecu i tropar; Il faut rendre les armes à saint George → Ne možeš se sa rogatim bosti

SAISON: De saison tout est bon → Sve u svoje vrijeme; Le semer et la moisson ont leur temps et leur saison → Sve u svoje vrijeme

SALAIRE: Toute peine mérite salaire → Džaba (Badava) se ni Hristov grob ne čuva

SANG: La voix du sang est la plus forte → Krv nije voda; La voix du sang parle toujours plus fort → Krv nije voda

SANTÉ: Qui a la santé a tout, qui n'a pas la santé n'a rien → Zdravlje je najveće blago (najveći raj) ovoga svijeta; Il n'est richesse que de science et de santé → Zdravlje je najveće blago (najveći raj) ovoga svijeta; Netteté nourit santé → Čistoća je pola zdravlja; Santé passe richesse → Zdravlje je najveće blago (najveći raj) ovoga svijeta

SAUTER: Regardez à deux fois avant de sauter → Prvo skoči, pa reci: "Hop!"

SAVOIR: De savoir vient avoir → Znanje je pravo imanje; Celui qui sait beaucoup, dort peu → Ko mnogo zna, mnogo i pati; On ne sait jamais → Nikad se ne zna; Qui ne sait rien, de rien ne doute → Ko mnogo zna, mnogo i pati; Le savoir, c'est le pouvoir → Bolje je pametna glava nego dolina para

SERPENT: Réchauffe un serpent dans ton sein, il te mordra → Hrani pašče da te ujede

SAUCE: Il n'est (de) sauce que d'appétit → Glad je najbolji kuhar (začin); Trop de cuisinières gâtent la sauce → Gdje je puno baba kilava su djeca

SCARLATINE: Ça vaut mieux que d'attraper la scarlatine → Ko zna zašto je to dobro?

SEC: Il faut lier le sac avant qu'il soit trop plein → Ko hoće (traži) veće, izgubi i ono iz vreće

SECRET: Il n'est secret que de rien dire → Niko ne može natkati marama da cijelom svijetu usta poveže

SEIGNEUR: À tout seigneur, tout honneur → Kakav gost, onakva mu čast; Amour de seigneur n'est pas héritage → Nije tvrda vjera u jačega

SEMER: On récolte ce qu'on sème → Što posiješ, to ćeš i požnjeti; Si tu sèmes des pommes de terre en lune cornue, pommes de terre cornues tu arracheras → Što posiješ, to ćeš i požnjeti; Qui sème le vent récolte la tempête →Ko vjetar sije, buru žanje; Qui sème les chardons récolte des piqures → Ko vjetar sije, buru žanje

SERVI: On n'est jamais si bien servi que par soi-même → Tuđa ruka svrab ne češe; Premier arrivé, premier servi → Ko prije djevojci, njegova je djevojka

SILLON: Le sillon n'est pas le champ → Ili ne pokušavaj, ili dovrši

SINGE: Le singe imite l'homme → Vidjela žaba da se konj potkiva, pa i ona digla nogu; Le singe tire les marrons du feu avec la patte du chat → Lako je tuđim rukama za vrelo gvožđe hvatati; Un singe vêtu du pourpre est toujours un singe → Magarac u Beč, magarac iz Beča; Plus le singe s'élève, plus il montre son cul pelé → Znam te, puško, kad si pištolj bila; On n' apprend pas à un vieux singe à faire la grimace → Star se konj ne uči igrati

SOI: Chacun y est pour soi → Svako za se svoju travu pase; Un petit chez-soi vaut mieux qu'un grand chez les autres → Svoja kućica, svoja slobodica; On n'est nulle part aussi bien que chez soi → Svugdje je dobro, ali kod kuće je najbolje; Il n'y a pas de petit chez soi → Svoja kućica, svoja slobodica

SOIF: Il faut garder une poire pour la soif → Čuvaj bijele novce za crne dane

SOLEIL: Le soleil n'échauffe que ce qu'il voit → Dok dijete ne zaplače, mati ga se ne sjeća; Quand le soleil est couché, il y a bien des bêtes à l'ombre → Blago onom ko pameti nema; En parlant du soleil, on en voit les rayons → Mi o vuku, a vuk na vrata

SOBRE: Ce que le sobre tient au cœur est sur la langue du buveur → Što trijezan misli, pijan govori

SOIF: On ne peut pas faire boire un âne qui n'a pas soif → Ne može ništa na silu; On a beau mener le bœuf à l'eau s'il n'a pas soif → Ne može ništa na silu

SOLDAT: Ce qui tombe dans le fossé est pour le soldat → Što izgubiš, ne traži, što nađeš, ne kaži

SOLEIL: ; En parlant du soleil, on en voit les rayons → Mi o vuku, a vuk na vrata; Le soleil luit pour tout le monde → Sunce svima sja

SON: Au premier son, on ne prend la caille → Ko ustraje taj se ne kaje

SONNER: On ne vous a pas sonné → Ne niči gdje te ne siju; On ne peut pas sonner et aller à la procession → Ne može i jare i pare

SORT: Chacun est l'artisan de son sort Svako je kovač svoje sreće

SOT: Un sot trouve toujours un plus sot qui l'admire → Bozadžija za salebdžiju; La cloche du sot est vite sonnée → Stari trik, nova budala

SOU: Un sou est un sou → Štednja je prvo tečenje; Un sou amène un autre → Para dinar čuva; Il lui manque toujours dix-neuf sous pour faire un franc → Puno je grad za dinar, kad dinara nema

SOUFLER: L'on ne peut humer et souffler tout ensemble → Ne može se istovremeno duvati i srkati

SOUHAIT: Si souhaits fussent vrais, pastoureaux rois seraient → Da imamo brašna, ko što nemamo masla, pa još u selu tepsiju da posudimo, što bismo dobru pogaču ispekli

SOULIER: Il n'y a si beau soulier qui ne devient savate → Ljepota je prolazna; Chacun sait où le soulier (bat) le blesse → Zna magarac gdje ga samar žulji

SOUPE: C'est dans les vieux pots qu' on fait les bonnes soupes → Stara koka, dobra supa; De le main à la bouche se perd souvant la soupe → Ne reci: neka! dok ne vidiš na trpezi; Je vis de bonne soupe et non de beau language → Prazne riječi džep ne pune; Quand il y a plusieurs cuisiniers, la soupe est trop salée → Gdje je puno baba kilava su djeca; Qui se lève tard trouve sa soupe froide → Ranoranilac i docnolegalac kuću teče; La soupe fait le soldat → Snaga na usta ulazi

SOURIR: Souriez et l'on sourit avec vous, froncez les sourcils et vous etes seul → Daj ti meni plačidruga, a pjevidruga je lako naći

SUISSE: Pas d'argent, pas de Suisse Nema džabe ni kod (stare) babe

SÛR, SÛREMENT: Lentement, mais sûrement → Polako, ali sigurno; On n'est jamais sûr de rien → NIkad se ne zna; Le pire n'est pas toujours sûr → Ne daj, Bože, većeg zla

T

TAILLE: Ce n'est pas la taille qui compte → Veličina nije bitna

TAIRE (SE): Assez octroie qui se tait → Šutnja je znak odobravanja; De choses tristes et adversaires en temps de joie il se faut taire → Udri brigu na veselje

TARD: Mieux vaut tard que jamais → Bolje ikad nego nikad

TEMPS: Avec le temps et la paille les nèfles mûrissent → Strpljen – spašen; au temps où Berthe filait → Za Kulina bana (i dobrijeh dana); Les temps changent et nous avec eux → Vremena se mijenjaju; Autres temps, autres mœurs → Drugo vrijeme, drugi običaji; Il faut prendre le temps comme il vient → Šta je, tu je; Les béquilles du temps font plus que la massue d'Hercule → Vrijeme gradi niz kotare kule, vrijeme gradi, vrijeme razgrađuje; Selon le temps, la manière → Drugo vrijeme, drugi običaji; Le temps s'en va et je n'ai rien fait → Gdje si bio – nigdje, šta si radio – ništa; Le temps perdu ne se rattrape jamais → Točak vremena ne može se vratiti; Le temps passé ne revient pas → Točak vremena ne može se vratiti; Temps vient et temps passe, fol est qui ne se compasse → Vrijeme gradi niz kotare kule, vrijeme gradi, vrijeme razgrađuje; Le temps, c'est de l'argent → Vrijeme je novac; Le temps nous passe → Vrijeme leti; Le temps passe et ne revient plus → Vrijeme leti; Le temps guérit tout (toutes les blessures) → Vrijeme liječi sve rane; Le temps est un grand maître → Vrijeme gradi niz kotare kule, vrijeme gradi, vrijeme razgrađuje; Le temps est le meilleur médecin → Vrijeme liječi sve rane; Il n'y a chose tant soit célée que le temps ne rend avérée → Zaklela se zemlja raju da se svake tajne znaju; Chaque chose a son temps → Sve u svoje vrijeme; Il y a temps pour tout → Sve u svoje vrijeme

TENIR: Mieux vaut tenir que courir → Bolje vrabac u ruci nego golub na grani; Quand on est bien, il faut s'y tenir → Ne traži hljeba preko pogače; Tant vaut celui qui tient que celui qui écorche → Ko lopova krije i on

bolji nije

TÊTE: À se cogner la tête contre les murs, il ne vient que des bosses → U nevolji ne treba plakati nego lijeka tražiti; Autant de têtes, autant d'avis → Koliko ljudi, toliko ćudi; En petite tête gît grand sens → Malena je 'tica prepelica, al'umori konja i junaka; Mieux vaut être tête de souris que queue de lion → Bolje prvi u selu nego zadnji u gradu; Qui a bonne tête ne manque pas de chapeau → Ko umije, njemu dvije; Quand on n'a pas de tête, il faut avoir des jambes → Ko nema u glavi, ima u nogama

TIRER: L'un tire à hue et l'autre à dia → Jedan u klin, drugi u ploču; D'une mauvaise paye on tire ce que l'on peut → Kad kuća gori, barem da se čovjek ogrije; Ne tirez pas sur le pianiste → Pošto kupio, po to i prodao

TONNERRE: Toutes les fois qu'il tonne, le tonnerre ne tombe pas → Kad najviše grmi, najmanje kiše pada; Contre le tonnerre ne pète → Ne možeš se sa rogatim bosti; Il n'est si grand sur la terre que n'abatte un coup de tonnerre → Nije ničija do zore gorila

TORCHON: Chaque torchon trouve sa guenille → Našla krpa (vreća) zakrpu; Il ne faut pas mélanger les torchons et les serviettes → Ne miješaj žabe i babe

TÔT: Le plus tôt sera le mieux → Što prije, to bolje; Mieux vaut plus tôt que plus tard → Što prije, to bolje

TOUCHER: Ça m'en touche une sans me remuer l'autre Sve ravno → Sve ravno do Kosova (do mora)

TOUS: Tous pour chacun, chacun pour tous → Svi za jednog, jedan za sve

TRAIN: Petit train va loin → Zrno po zrno pogača, kamen po kamen palača

TRAÎTRE: À chaque cour son traître → U svakom žitu ima kukolja

TRAVAIL: Tel travail, tel salaire → Kakva služba, onakva i plaća

TRAVAILLER: Bien boire et bien manger font bien travailler → Kakav na jelu, takav na djelu

TRÉPASSER: Dépose, prend, possède, amasse - tout faut laisser quand on trépasse → U smrti su svi jednaki

TROIS: Jamais deux sans trois → Treća sreća; Rarement 1, jamais 2, toujours 3 → Treća sreća

TROMPER: Aujourd'hui trompeur, demain trompé → Lija lija, pa dolija; Qui me trompe une fois, honte à lui; qui me trompe deux fois, honte à moi → Ko me jedanput prevari, ubio ga Bog; ko me dvaput prevari, ubio me Bog

TROMPEUR: À trompeur, trompeur et demi → Udario tuk na luk; C'est un double plaisir que de tromper le trompeur → Kad lupež lupežu što ukrade, i sam se Bog smije

TROP: Mieux vaut trop que trop peu → Što više, to bolje; Rien de trop → Srednja sreća je najbolja; Il est plus de trompeurs que de trompettes → Stari trik, nova budala

V

VACHE: Au riche homme souvent sa vache vêle, et du pauvre le loup veau emmène → Para na paru ide; Même une vache noire a le lait blanc → Crna koka bijela jaja nosi; Une vache ne sait ce que vaut sa queue, jusqu'à ce qu'elle l'ait perdue → Dobro se ne pozna dok se ne izgubi

VALISE: Adieu Berthe, adieu la valise → Piši propalo

VALOIR: Cela ne vaut pas un sou (zeste; clou; clou à soufflet; fifrelin; liard; pet de lapin; pet d'un âne mort; les quatre fers d'un chien) → Ne vrijedi ni lule duhana

VANGEANCE: La vengeance est un plat qui se mange froid → Osveta je jelo koje se poslužuje hladno;

VANTER: Pour vanter un beau jour, attends sa fin → Ne hvali dan prije večeri

VENDANGE: Il ne pleut que sur la vendange → Para na paru ide; Adieu paniers, les vendanges sont faites → Piši propalo

VENIR: Ce qui vient de fric s'en va de frac → Kako došlo, onako i prošlo (tako i otišlo)

VENT: Autant en emporte le vent → Obećanje - ludom radovanje; Bon vent, la route est libre! → Široko ti polje!; Qui trop regarde quel vent vente, jamais ne sème ni ne plante → Ako u selu, Turci, ako u polju, vuci

VENTEUR: Grand venteur petit faiseur → Spolja gladac, iznutra jadac; De grands vanteurs petits faiseurs → Spolja gladac, iznutra jadac

VENTRE: Habit de velours, ventre de son → Spolja gladac, iznutra jadac

VER: Il n'y a point de si petit ver qui ne se recroqueville si l'on marche dessus → I strpljenju dođe kraj

VÉRITÉ: Dis la vérité et moque-toi du diable → Zbori pravo, sjedi gdje ti je drago; Il n'y a que la vérité qui blesse → Istina boli; Entre rire et plaisanterie beaucoup entendent leurs quatre vérités → U svakoj šali pola istine (zbilje); Toute vérité n'est pas bonne à dire → Istina boli; La verité est amère à

entendre → Istina je gorka, ali se proždre; La vérité est dans le vin → Istina je u vinu; La vérité est au fond du verre → Istina je u vinu; La vérité est comme l'huile, vient au-dessus → Istina suncem sja; La vérité sort de la bouche des enfants → Djeca, budale i pijani istinu govore' L'homme est de glace aux vérités; il est de feu aux mensonges → Laž se pređe primi nego istina; Dans toute plaisanterie il y a une part de vérité → U svakoj šali pola istine (zbilje); L'huile et la vérité finissent par venir au sommet → Svako djelo dođe na vidjelo

VERTU: Vertu gît au milieu → Srednja sreća je najbolja

VICE: Un vice non puni s'accroît à l'infini → Ko kriva žali, pravom griješi

VIE: La vie est courte → Život je kratak; Il faut prendre la vie comme elle vient → Život je nekome majka, a nekome maćeha; La vie n'est pas un roman → Život je takav, čupav i dlakav; La vie n'est pas rose → Život je takav, čupav i dlakav; La vie est dure → Život je težak; La vie continue → Život teče dalje; Tant qu'il y a de la vie, il y a de l'espoir → Čovjek se nada dok je god duše u njemu; Ainsi va la vie (var. C'est la vie) → Šta je, tu je; De mauvaise vie mauvaise fin → Pas bio, pasji i prošao; Telle vie, telle fin → Pas bio, pasji i prošao

VIEILLIR: On ne s'amende pas de vieiilir → Starost je bolest od koje se umire

VIEUX: On n'est jamais trop vieux pour apprendre → Čovjek se uči dok je živ (pa opet lud umre); Les vieux fous sont plus fous que les jeunes → Sjedine u glavu, a pamet u stranu; Plus on est vieux, plus on est bête → Sjedine u glavu, a pamet u stranu; Les vieux font place aux jeunes → Na mladima svijet ostaje v. JEUNE

VILAIN: Oignez vilain, il vous poindra; poignez vilain, il vous oindra → Hrani pašče da te ujede

VILLE: Les maisons empaîchent de voir la ville → Od drveća ne vidi šumu

VIN: À bon vin point d'enseigne → Dobrom konju se i u štali nađe kupac; On ne connaît pas le vin au cercle → Izgled vara; (Quand) le vin est tiré, il faut le boire (var. Vin versé, il faut le boire) → Ko se u kolo hvata, mora i poigrati; Le vin entre et la raison sort → Ne zna rakija šta je kadija; Vin versé n'est pas avalé → Ne reci: neka! dok ne vidiš na trpezi

VITE: Vite et bien se trouvent rarement ensemble → Ko žurio, vrat slomio

VIVRE: Dîne honnêtement et soupe sobrement, dors en haut et vivras longuement → Živi prosto – doživjećeš sto; Lever à six, manger à dix, souper à six, coucher à dix, font vivre l'homme dix fois dix → Živi prosto – doživjećeš sto; Fou est celui qui pense tojours vivre → Starost je bolest od koje se umire; On ne vit qu'une fois → (Samo) jednom se živi; Qui boit et mange sobrement vit de coutume longuement → Živi prosto – doživjećeš sto; Qui vivra verra Živi-bili, pa vidjeli; Vivre et laisser vivre → Živi, i pusti druge da žive; Qui veut vivre sain dîne peu et soupe moins → Živi prosto – doživjećeš sto

VOIE: Mieux vaut la vieille voie que le nouveau sentier → Bolje znano s manom, nego neznano s hvalom

VOIR: Il faut le voir pour le croire → Bolje je vjerovati svojim očima nego tuđim riječima

VOISIN: Bon voisin, bon jour → Komšija bliži nego brat; Qui a bon voisin a bon matin → Komšija bliži nego brat; Mieux vaut un voisin proche qu'un frère éloigné → Komšija bliži nego brat; L'herbe est toujours plus verte chez le voisin → Slađa smokva preko plota

VOLONTÉ: À bonne volonté ne faut la faculté → Ko hoće, taj i može

VOULOIR: Ce qu'on ne peut empêcher, il faut le vouloir → Ako ne možemo kako hoćemo, mi ćemo kako možemo; Vouloir, c'est pouvoir → Ko hoće, taj i može

VOYAGER: Qui veut voyager loin ménage sa monture → Strpljen - spašen

VRAI: C'est trop beau pour etre vrai → Žaba davi rodu

VU: Ni vu, ni connu (personne n'en saura rien) → Ni luk jeo, ni luk mirisao

Y

YEUX: Élève un corbeau et il te crèvera les yeux → Hrani pašče da te ujede; Il vaut mieux se fier à ses yeux qu'à ses oreilles → Što čuješ, ne vjeruj; što vidiš, to vjeruj; Loin des yeux, loin du cœur → Daleko od očiju, daleko od srca; Deux yeux voient plus clair qu'un → Četiri oka vide bolje nego dva; L'on ne doit pas avoir les yeux plus grands que le ventre → Išla bi baba u Rim, ali nema s čim; kupila bi svašta, ali nema za šta; Quatre yeux voient mieux (plus clair) que deux (Mieux voient quatre yeux que deux) → Četiri oka vide bolje nego dva; Ce que les yeux ne voient pas ne fait pas mal au cœur → Kad oko ne vidi, srce ne žudi. v. AUSSI OEIL

Z

ZEST: Entre le zist et le zest → Niti smrdi, niti miriše

Index des expressions latines / Registar latinskih izreka

- Alea jacta est → Kocka je bačena
- Amantium irae amoris integratis est → Ko se bije, taj se voli
- Amor tussisque non celantur → Kašalj, šuga i ašikovanje ne može se sakriti
- Arcades ambo → Našla vreća (krpa) zakrpu
- Asinus asinum fricat → Bozadžija za salebdžiju
- Audaces fortuna iuvat (juvat) → Hrabre sreća prati
- Barba non facit philosophum → Pop se ne bira po bradi, nego po glavi
- Canis caninam non est → Vuk na vuka ni u gori neće
- Carpe diem → Ko umije, njemu dvije
- Catus amat piscem, sed non vult tingere plantas → Ako želiš jezgro, slomi ljusku
- Cedere majori virtutis fama secunda est → Pametniji popušta
- Cibi condimentum esse famem → Glad je najbolji kuhar (začin)
- Clara pacta, boni amici → Čist račun, duga ljubav
- Concordia parvae res crescunt, discordia maximae dilabuntur → Složna braća kuću grade
- Consuetudo est altera natura → Navika je druga priroda
- De gustibus et coloribus non est disputandum → O ukusima se ne raspravlja
- De mortuis aut bene aut nihil → O mrtvima sve najbolje
- Dictum factum → Rečeno - učinjeno
- Dies diem docet → Jutro je pametnije (mudrije) od večeri
- Divide et impera → Zavadi, pa vladaj
- Divide ut regnes (imperes) → Zavadi, pa vladaj
- Dum gramen crescit, equus in moriendo quiescit → Ne lipši, magarče, dok trava naraste!
- Dum spiro spero → Čovjek se nada dok je god duše u njemu
- Duos insequens lepores, neutrum capit → Ko juri dva zeca odjednom, ne ulovi nijednog
- Ejusdem farinae → Našla vreća (krpa) zakrpu
- Epistula non erubescit → Papir sve trpi
- Ex ungue leonem → Poznaje se ptica po perju
- Exceptio probat regulam → Izuzetak potvrđuje pravilo

- Exitus acta probat → Cilj opravdava sredstvo
- Fames optimum condimentum → Glad je najbolji kuhar (začin)
- Fata viam invenient → Od sudbine ne možeš pobjeći
- Festina lente → Požuri polako
- Finis coronat opus → Konac djelo krasi
- Fortuna favet fatuis → Ima više sreće nego pameti
- Grata rerum novitas → Novo sito o klinu visi
- Gutta cavat lapidem → Kaplja kamen dubi
- Habeas ut nanctu's → Što izgubiš, ne traži, što nađeš, ne kaži
- Hac urget lupus, hac canis angit → Ako u selu, Turci, ako u polju, vuci
- Hic jacet lupus → U tom grmu leži zec
- Hic Rhodos, hic salta! → Ako je daleko Bagdad, blizu je aršin
- Hodie Caesar, cras nihil → Danas vezir, sutra rezil
- Hodie mihi, cras tibi → Danas ja, sutra ti
- Homo homini lupus (est) → Čovjek je čovjeku vuk
- Homo preponit, sed deus disponit → Čovjek snuje, a Bog odlučuje (određuje)
- Honesta mors turpi vita potior → Bolja je poštena smrt nego nepošten (sramotan) život
- In expuentis recidit faciem, quod in caelum expuit → Kad čovjek nada se pljune, na obraz će mu pasti
- In medio stat virtus → Srednja sreća je najbolja
- In nocte consilium → Jutro je pametnije (mudrije) od večeri
- In patria natus non est propheta vocatus → Niko nije prorok u svojoj zemlji (kući)
- In vino veritas → Istina je u vinu
- Inter caecos luscus rex → Među ćoravim ko ima jedno oko meću ga za cara
- Inter verba et actus magnus quidas mons est → Od zbora do tvora - ima prostora
- Laudat venales quos vult extrudere merces → Svaki Cigo svoga konja hvali
- Lupus pilum mutat, non mentem → Vuk dlaku mijenja, a ćud nikada (ali ćud nikako)
- Mala gallina - malum ovum → Gdje je sova (vrana) izlegla sokola?
- Male parta, male dilabuntur → Oteto - prokleto
- Malo hic esse primus quam Romae secundus → Bolje prvi u selu nego zadnji u gradu
- Malum nullum est sine aliquo bono → U svakom zlu ima dobra
- Manus manum lavat → Ruka ruku mije (a obraz obadvije)
- Mel in ore, verba lactis, fed in corde, fraus in factus → Na jeziku med, a na srcu led
- Melius et utilius (est) in tempore occurrere, quam post

- causam vulneratam quarere remedium → Bolje spriječiti nego liječiti
- Mihi heri, et tibi hodie → Danas ja, sutra ti
- Minima de malis → Od dva zla izaberi manje
- Mors et fugacem persequitur virum → Ko se rađa i umire
- Natura abhorret vacuum → Koga nema, bez njega se može
- Ne differas in crastinum → Ne ostavljaj za sutra ono što možeš uraditi danas
- Nemo mortalium omnibus horis sapit → I pop u knjizi pogriješi
- Nescit vox missa reverti → Riječ iz usta, a kamen iz ruke
- Nihil est omnia parte beatum → Niko nije savršen
- Nihil habeo, nihil timeo (curo) → Ko nema ništa, ne straši se od ništa
- Nihil habenti nihil deest → Ko nema ništa, ne straši se od ništa
- Nil novi sub sole → Ništa nije novo na svijetu
- Non ovium curat numerum lupus → I brojene ovce vuk (kurjak) jede
- Non semper crunt Saturnalia → Nije svaki dan Božić (Bajram)
- Occasio facit furem → Prigoda čini lupeža
- Oculum pro oculo, et dentem pro dente → Oko za oko, zub za zub
- Omne initium difficile (est) → Prvi korak je najteži
- Omnia mors aequat → U smrti su svi jednaki
- Parturiunt montes, nascetur ridiculus mus → Tresla se gora (brda), rodio se miš
- Paupertas omnes artes perdocet, ubi quem attigit → Nevolja svačemu čovjeka nauči
- Pecunia non olet → Novac ne smrdi
- Per aspera ad astra → Preko trnja do zvijezda
- Pigritia mater vitorum → Besposlenost je majka svih zala
- Piscem natare doces → Ribu uči plivati
- Plus vident oculi, quam oculus → Četiri oka vide bolje nego dva
- Post mortem medicina → Kasno Marko na Kosovo stiže
- Potius sero quam nunquam → Bolje ikad nego nikad
- Praemonitus praemunitis → Ko se čuva, i Bog ga čuva
- Procul ex oculis, procul ex mente → Daleko od očiju, daleko od srca
- Qualis vita, et mors ita → Pas bio, pasji i prošao
- Qualis pater, talis filius → Kakav otac, takav sin
- Qui me amat, amat et canem meam → Ko neće moje štene, ne treba ni mene
- Qui non laborat, non manducat → Ko ne radi, ne treba da jede
- Quod abondat non vitiat → Od viška glava ne boli
- Quod cito fit, cito perit → Ko žurio, vrat slomio
- Quod non videt oculus cor non dolet → Kad oko ne vidi, srce ne žudi

- Quod tibi fieri non vis, alteri ne feceris → Čini drugom što je tebi drago da ti se učini
- Quos deus (Juppiter) vult perdere, prius dementat → Kad Bog hoće koga da kazni, najprije mu uzme pamet
- Quot capita, tot sensus → Koliko ljudi, toliko ćudi
- Quot homines tot sententiae → Koliko ljudi, toliko ćudi
- Redde Caesari quae sunt Caesaris, et quae sunt Dei Deo → Caru carevo, a Bogu božje (dati)
- Repetitio mater studiorum est → Ponavljanje je majka znanja
- Ridentem dicere verum: quid vetat? → U svakoj šali pola istine (zbilje)
- Scientia est potentia → Bolje je pametna glava nego dolina para
- Si quis dat mannos, ne quere in dentibus annos → Poklonu se u zube ne gleda
- Silentium videtur confessio → Šutnja je znak odobravanja
- Simia simia est, etiamsi aurea gestet insignia → Martin u Zagreb (Rim), Martin iz Zagreba (Rima)
- Similia similibus curantur → Klin se klinom izbija (a sjekira oba)
- Sol luceto omnibus → Sunce svima sja
- Sustine et abstine → Strpljen - spašen
- Sutor, ne supra crepidam → Lovac je da lovi, prepelica da se čuva
- Tempora mutantur → Vremena se mijenjaju
- Tempus fugit → Vrijeme leti
- Timeo Danaos et dona ferentes → Bojim se Danajaca i kad darove donose
- Tranquillas etiam naufragus horret aquas → Koga je zmija ujela i guštera se boji
- Tunica propior pallio est → Košulja je preča od kabanice
- Unus homo, nullus homo → Jedan k'o nijedan
- Unus vir, nullus vir → Jedan k'o nijedan
- Usus est magister optimus → Ko uči, taj i nauči
- Usus te plura docebit → Ko uči, taj i nauči
- Ut imago est animi voltus sic indices oculi → Oči su ogledalo duše
- Valetudo bonum optimum → Zdravlje je najveće blago (najveći raj) ovoga svijeta
- Verba ligant homines, taurorum cornua funes → Čovjek se veže za jezik, a vo za rogove
- Verbum sapienti sat est → Pametnome dosta
- Voltus (Oculus) est index animi → Oči su ogledalo duše
- Vox populi vox dei → Glas naroda, glas božji
- Vulpem pilum mutare, non mores → Vuk dlaku mijenja, a ćud nikada (ali ćud nikako)

Bibliographie / Bibliografija

Abdulah Škaljić, Turcizmi u srpskohrvatskom jeziku, Svjetlost, Sarajevo, 1989.

Antologija narodnih poslovica i zagonetki, "Narodna Knjiga", Beograd, 1962.

Boško Milosavljević, Margot Vilijams-Milosavljević, Srpsko-engleski rečnik idioma, "Srpska knjizevna zadruga", Beograd, 1991.

Boško Milosavljević, Srpsko-francuski rečnik idioma i izraza, IP "Prosveta", Beograd, 1994.

Dragan Lakičević, Narodne poslovice, Beograd, "Rad", 1983.

Dževad Jahić, Narodno blago Bošnjaka, Moskva, "Kompjuterska biblioteka Bošnjak", 1995.

Jasmina Puljo, Biseri mudrosti, peto izmenjeno i dopunjeno izdanje, "Sportska knjiga", Beograd 1986.

Josip Kekez, Poslovice i njima srodni oblici, Zavod za znanost o knjizevnosti, Zagreb 1984.

Milan T.Vuković, Narodni običaji, verovanja i poslovice kod Srba, Beograd 1981.

Milan Vujaklija, Leksikon stranih reči i izraza,"Prosveta", Beograd, 1988.

Minja Pješčić, A Dictionary of Proverbs and Sayings: Serbian - Bosnian - Croatian and English Equivalents: Rječnik naših poslovica i izreka i njihovih engleskih ekvivalenata, amazon, 2020

Narodna umjetnost (godišnjak zavoda za istraživanje folklora Instituta za filologiju i folkloristiku), Zagreb 1981.

Nova enciklopedija u boji, I i II tom, "Vuk Karadzić " i "Larousse", Beograd, 1978.

V.S.Karadžić, Srpske narodne poslovice, Beograd, "Prosveta", 1969.

Vasko Popa, Od zlata jabuka, "Rad", Beograd, 1988.

Zehra Hubijar, Bolje znati nego imati, Poslovice i poneka priča, Bosanska riječ, Sarajevo, 2009.

Alain Ray et Sophie Chantreau, Dictionnaire des expressions et locutions,"Les usuels du Robert", 1991

Alain Rey, Sophie Chantreau, Dictionnaire d'expressions et locutions, Le Robert, 2003

André Couture, Sur le bout de la langue/ On the tip of one's tongue, 3500 expressions françaises et anglaises, 2006

Catherine Mory, Au bonheur des expressions françaises, Éditions Larousse, 2015

Catherine Mory, Les plus jolis proverbes de la langue française, Éditions Larousse, 2015

Catherine Mory, Tiphaine Desmoulière, Les expressions les plus extravagantes de la langue française, Éditions Larousse, 2014

Florence Montrynaud, Agnes Pierron et Francois Suzzoni, Dictionnaire de proverbes et dictons, Les usuels de Robert, Paris, 1990

Françoise Bulman, Dictionnaire des proverbes anglais-français, français-anglais, Université de Laval, 1998

Gilles Henry, Dictionnaire des expressions nées de l'histoire, "Tallandier", Paris 1992

Histoires et proverbes d'animaux, une histoire de Clementine et Jean Delile, illustré par Marc Goubier, Hatier, Paris, 2004

Jean-Yves Dournon, Le dictionnaire des proverbes et dictons de France, "Hachette", 1986

Larousse pluri dictionnaire, "Librairie Larousse", 1988

Maurice Maloux, Dictionnaire des proverbes, sentences et maximes, "Larousse", 1990

Monique Brézin-Rossignol, Dictionnaire de proverbes français-anglais anglais-français, Maison du dictionnaire, Paris, 2008

Pierre DesRuisseaux, Le livre des proverbes québecois, Édition Hurtubise, Montreal, 1978.

Pierre DesRuisseaux, Le petit proverbier: proverbes français, québecois et anglais, Éditions Hurtubise, Montreal, 1997.

Pierre Rézeau, Petit dictionnaire des chiffres en toutes lettres, "Édition du Seuil", jan. 1993.

Pierre-Marie Quitard, Dictionnaire étimologique, historique et anecdotique des proverbes et des locutions proverbiales de la langue française, Genève 1968

Teodor Flonta, A Dictionary of English and French Equivalent
   Proverbs, De Proverbio, 2001
Vladimir Kogut, Proverbes et dictons de France et leurs équivalents
   russes, Antologija, Sankt-Peterburg, 2016

Auteure / O autoru

Minja Pješčić est une passionnée des langues. Elle est titulaire des B.A. et M.A. en philologie de l'Université linguistique d'État de Moscou (MGLU) et d'un M.B.A. de la Schulich School of Business de Toronto. Elle parle le serbo-croate, l'anglais, le français et le russe.

De la même auteure:

A Dictionary of Proverbs and Sayings: Serbian - Bosnian - Croatian and English Equivalents

Rječnik naših poslovica i izreka i njihovih engleskih ekvivalenata

The author has scoured dozens of sources to find the best equivalents and matches to familiar and old proverbs, sayings and expressions. Everyone is bound to discover something new.

Included:

- Over 1100 Serbian / Bosnian / Croatian proverbs and sayings and as many English equivalents
- British and North American proverbs and sayings
- Old and modern expressions
- Alphabetical Index of English Proverbs and Sayings
- Close to 200 Latin sayings and expressions

Available on Amazon in ebook (kindle) and paperback

Za ljubitelje naših narodnih umotvorina - kolekcija 1100 poslovica i izreka, i isto toliko engleskih ekvivalenata. Uključuje savremene izraze, poneki zaboravljeni biser, te preko 200 latinskh izreka.

An Illustrated Multi-Language Dictionary of Serbian-Bosnian-Croatian Proverbs and Sayings: English, French and Russian Equivalents

Ilustrovani višejezički rječnik poslovica i izreka: engleski, francuski i ruski ekvivalenti

Available on Amazon in paperback.

A unique illustrated multi-language collection of Serbian/Bosnian/Croatian proverbs and sayings. Included:

- Serbian/Bosnian/Croatian proverbs and sayings with their English, French and Russian equivalents

- Close to 1200 proverbs and sayings in each language

- Over 130 illustrations

- Index of keywords in English, French and Russian for easier searching

- Old and modern expressions

- Close to 200 Latin sayings and expressions

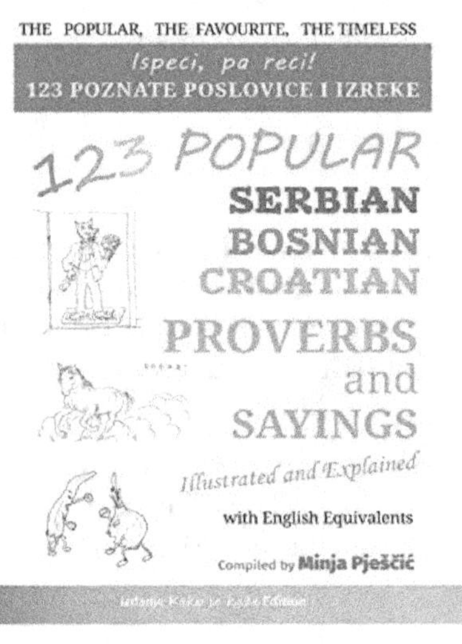

123 Popular Serbian - Bosnian - Croatian Proverbs and Sayings; Illustrated and Explained

Ispeci, pa reci! 123 poznate poslovice i izreke

A unique illustrated collection of 123 most popular and commonly used Serbian - Bosnian – Croatian proverbs and sayings with English equivalents.

This collection includes:

- 123 carefully curated popular expressions (in Latin and Cyrillic scripts)
- literal translation and existing English equivalents
- Commentary in English
- Over 90 illustrations

Whether you are a student, teacher, diplomat or just a curious eye, this dictionary will provide a unique insight into origin, meaning and usage of expressions, together with snipets from history and culture that have inspired them. Some humorous, some curious and extraordinary, some unique and others shared with other European languages – there is something new for everyone to learn.

Ilustrovana kolekcija 123 poznate poslovice i izreke uključuje prevod, engleske ekvivalente i objašnjenja na engleskom jeziku.

Available on Amazon in ebook (kindle) and paperback.

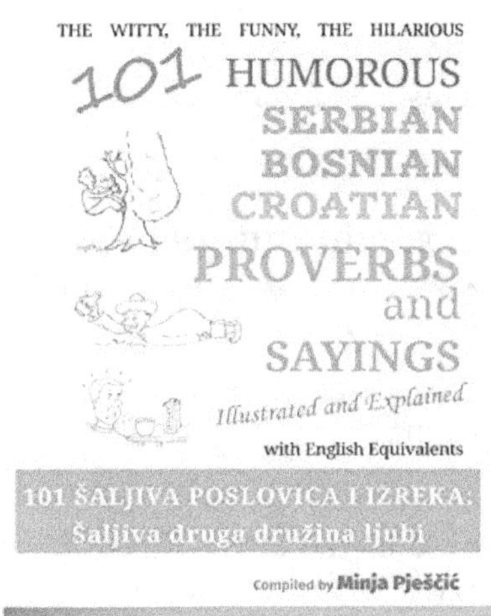

101 Humorous Serbian – Bosnian – Croatian Proverbs and Sayings

101 šaljiva poslovica i izreka: Šaljiva druga družina ljubi

An indispensable illustrated guide for anyone taking their knowledge of Serbian/Bosnian/Croatian to the next level. Enrich your conversation, amuse and impress your friends and family with help of this collection of 101 most witty and colourful expressions, some common and others forgotten jewels..

The witty, the funny and the hilarious - this unique collection includes:

- 101 carefully curated humorous expressions (in Latin and Cyrillic scripts)
- Old and modern, marked as 'Popular', 'Familiar' or 'Old Jewel'
- Commentary on meaning and usage in English
- Literal translation for easier understanding and over 100 existing English equivalents
- Humorous alterations loved by young people
- Over 60 Illustrations

Ilustrovana kolekcija 101 šaljive izreke i poslovice uključuje prevod, ekvivalente i objašnjenja na engleskom jeziku. Za svakog ima ponešto da se podsjeti ili nauči, jer... "šaljiva druga družina ljubi"!

Available on Amazon in ebook (kindle) and paperback.

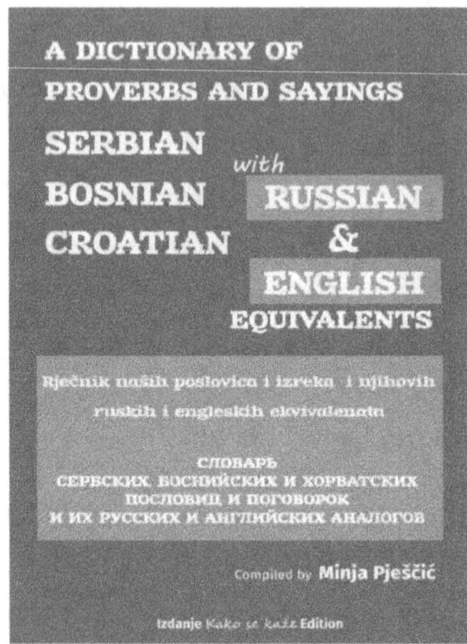

A Dictionary of Proverbs and Sayings: Serbian – Bosnian - Croatian and Their Russian and English Equivalents

Rječnik naših narodnih poslovica i njihovi ruski i engleski ekvivalenti

СЛОВАРЬ СЕРБСКИХ, БОСНИЙСКИХ И ХОРВАТСКИХ ПОСЛОВИЦ И ПОГОВОРОК И ИХ РУССКИХ И АНГЛИЙСКИХ АНАЛОГОВ

Included in this trilingual dictionary:

Za ljubitelje naših narodnih umotvorina - kolekcija 1100 poslovica i izreka, i isto toliko ruskih i engleskih ekvivalenata. Uključuje savremene izraze, poneki zaboravljeni biser, te preko 200 latinskh izreka. Saznajte kako reći na ruskom i engleskom: *Ispeci, pa reci, Odijelo ne čini čovjeka, Ima dana za megdana, Pamti, pa vrati, Ko drugom jamu kopa, sam u nju upada; Od visška glava ne boli,* te brojne druge poslovice i izreke.

В словарь включено 1100 сербских, боснийских и хорватских пословиц и поговорок, и столько же их русских и английских аналогов. Это практическое пособие идеально для переводчиков, студентов, а также широкого круга лиц, интересующихся иностранными языками. Книга содержит:

- Старинные и современные выражения, часто встречающиеся в разговорной речи и литературе

- Пословицы и поговорки в алфавитном порядке

- Свыше 200 латинских выражений.

Available on Amazon in ebook (kindle) and paperback.

Mostar in Words and Expressions: Dictionary of 1000+ Words, Idioms and Sayings from Mostar, Bosnia-Herzegovina

A collection of over a thousand words, idioms and expressions, often unique and humorous, originating from the Herzegovinian city of Mostar with commentary in Bosnian.

Many original expressions were inspired by its inhabitants and local situations:

usta k'o Tokića pekara; napet k'o Mujini tregeri; glava k'o Rondo; vodati se k'o Jure i Neda; objesićemo zube o čiviluk; pala muha na međeda; jedan se oteg'o, drugi se proteg'o; taj ti vjetar čorbu hladio; ćafetli; dočekuša; krmeljuša ...

... tek su neki od preko hiljadu riječi i izraza – često šaljivih bisera mostarske mudrosti – sakupljenih za ovo izdanje. Ova će knjiga, kao svjedok jednog govora i doba, neke čitaoce podsjetiti, neke nasmijati, a posebno mlađim generacijama u dijaspori, poslužiti kao dodatni izvor informacija o (nesuđenom) rodnom gradu.

Available on Amazon in paperback.

Original title (Bosnian edition): NA DUNJALUKU SVAŠTA: 1000 i kusur mostarizama